REVOLUTIONS OF THE WORLD IN SIMPLE SPANISH

Learn Spanish the Fun Way
With Topics That Matter

For Low- to High-Intermediate Learners (CEFR B1-B2)

by Olly Richards

Edited by Eleonora Calviello
Nicolás Walsh, Academic Editor

Copyright © 2022 Olly Richards Publishing Ltd.

All rights reserved. No part of this publication may be reproduced, distributed, or transmitted in any form or by any means, including photocopying, recording, or other electronic or mechanical methods, without the prior written permission of the publisher, except in the case of brief quotations embodied in critical reviews and certain other non-commercial uses permitted by copyright law. For permission requests, write to the publisher:

>Olly Richards Publishing Ltd.

>olly@storylearning.com

Trademarked names appear throughout this book. Rather than use a trademark symbol with every occurrence of a trademarked name, names are used in an editorial fashion, with no intention of infringement of the respective owner's trademark.

The information in this book is distributed on an "as is" basis, without warranty. Although every precaution has been taken in the preparation of this work, neither the author nor the publisher shall have any liability to any person or entity with respect to any loss or damage caused or alleged to be caused directly or indirectly by the information contained in this book.

Revolutions of the World in Simple Spanish:: Learn Spanish the Fun Way With Topics that Matter

FREE STORYLEARNING® KIT

Discover how to learn foreign languages faster & more effectively through the power of story.

Your free video masterclasses, action guides, & handy printouts include:

- A simple six-step process to maximise learning from reading in a foreign language

- How to double your memory for new vocabulary from stories

- Planning worksheet (printable) to learn faster by reading more consistently

- Listening skills masterclass: "How to effortlessly understand audio from stories"

- How to find willing native speakers to practise your language with

To claim your FREE StoryLearning® Kit, visit:

www.storylearning.com/kit

WE DESIGN OUR BOOKS TO BE INSTAGRAMMABLE!

Post a photo of your new book to Instagram using #storylearning and you'll get an entry into our monthly book giveaways!

Tag us **@storylearningpress** to make sure we see you!

BOOKS BY OLLY RICHARDS

Olly Richards writes books to help you learn languages through the power of story. Here is a list of all currently available titles:

Short Stories in Danish For Beginners
Short Stories in Dutch For Beginners
Short Stories in English For Beginners
Short Stories in French For Beginners
Short Stories in German For Beginners
Short Stories in Icelandic For Beginners
Short Stories in Italian For Beginners
Short Stories in Norwegian For Beginners
Short Stories in Brazilian Portuguese For Beginners
Short Stories in Russian For Beginners
Short Stories in Spanish For Beginners
Short Stories in Swedish For Beginners
Short Stories in Turkish For Beginners

Short Stories in Arabic for Intermediate Learners
Short Stories in English for Intermediate Learners
Short Stories in Italian for Intermediate Learners
Short Stories in Korean for Intermediate Learners
Short Stories in Spanish for Intermediate Learners

101 Conversations in Simple English
101 Conversations in Simple French

101 Conversations in Simple German
101 Conversations in Simple Italian
101 Conversations in Simple Spanish
101 Conversations in Simple Russian

101 Conversations in Intermediate English
101 Conversations in Intermediate French
101 Conversations in Intermediate German
101 Conversations in Intermediate Italian
101 Conversations in Intermediate Spanish

101 Conversations in Mexican Spanish
101 Conversations in Social Media Spanish

Climate Change in Simple Spanish
Climate Change in Simple French
Climate Change in Simple German
World War II in Simple Spanish
World War II in Simple French
World War II in Simple German
World War I in Simple Spanish
Western Philosophy in Simple Spanish
The Human Body in Simple Spanish

All titles are also available as audiobooks. Just search your favourite store!

For more information visit Olly's author page at:
www.storylearning.com/books

ABOUT THE AUTHOR

Olly Richards is a foreign language expert and teacher. He speaks eight languages and has authored over 30 books. He has appeared in international press, from the BBC and the Independent to El País and Gulf News. He has featured in language documentaries and authored language courses for the Open University.

Olly started learning his first foreign language at the age of 19, when he bought a one-way ticket to Paris. With no exposure to languages growing up, and no natural talent for languages, Olly had to figure out how to learn French from scratch. Twenty years later, Olly has studied languages from around the world and is considered an expert in the field.

Through his books and website, StoryLearning.com, Olly is known for teaching languages through the power of story – including the book you are holding in your hands right now!

You can find out more about Olly, including a library of free training, at his website:

www.storylearning.com

CONTENTS

Introduction xiv
How to Use this Book xvi
The Five-Step Reading Process xxii
A Note From The Editor xxiv

1. ¡Revolución! 1
1.1. ¿Qué Es Una Revolución? 5
1.2. ¿Para Qué Sirven Las Revoluciones? 11

2. Las Guerras Civiles Inglesas 15
2.1 El Camino Hacia La Guerra 25
2.2 El Desarrollo Del Conflicto 31
2.3 Repercusiones Del Proceso Revolucionario Inglés 39

3. La Revolución Americana 45
3.1 Las Razones Que Explican La Revolución Americana 51
3.2 ¿Qué Ocurrió Durante La Guerra De Independencia De Ee.Uu.? 57
3.3 Ideología Y Repercusiones De La Revolución Americana   67

4. La Revolución Francesa 73
4.1 Los Orígenes De La Revolución Francesa 77
4.2 Las Etapas De La Revolución Francesa 85
4.3 ¿Por Qué Fue Tan Importante La Revolución Francesa? 99

5. La Revolución Rusa 103
5.1 ¿Cómo Era Rusia Antes De La Revolución? 109
5.2 Los Meses Más Convulsos De La Revolución Rusa 117
5.3 La Revolución Rusa Fue Solo El Principio 129

6. La Revolución Cubana 135
6.1 Preludio De La Revolución Cubana 137
6.2 Una Pequeña Gran Revolución 143

7. La Revolución China 151
7.1 China: El Viaje De Una Gran Desconocida 155
7.2 El Ascenso De Mao 169
7.3 Una Nueva China 181

8. La Rebelión No Violenta De Gandhi 193
8.1 Contexto Histórico 195
8.2 Gandhi Y La Independencia De India 205

9. Otras Revoluciones 213
9.1 La Revolución De Haití 215
9.2 Las Revoluciones Liberales Del S.Xix 223
9.3 La Revolución Iraní 229

Referencias 235

INTRODUCTION

I have a golden rule when it comes to improving your level and becoming fluent in a foreign language: Read around your interests. When you spend your time reading foreign language content on a topic you're interested in, a number of magical things happen. Firstly, you learn vocabulary that is relevant to your interests, so you can talk about topics that you find meaningful. Secondly, you find learning more enjoyable, which motivates you to keep learning

and studying. Thirdly, you develop the habit of spending time in the target language, which is the ultimate secret to success with a language. Do all of this, and do it regularly, and you are on a sure path to fluency.

But there is a problem. Finding learner-friendly resources on interesting topics can be hard. In fact, as soon as you depart from your textbooks, the only way to find material that you find interesting is to make the leap to native-level material. Needless to say, native-level material, such as books and podcasts, is usually far too hard to understand or learn from. This can actually work against you, leaving you frustrated and demotivated at not being able to understand the material.

In my work as a language educator, I have run up against this obstacle for years. I invoke my golden rule: "Spend more time immersed in your target language!", but when students ask me where to find interesting material at a suitable level, I have no answer. That is why I write my books, and why I created this series on non-fiction. By creating learner-friendly material on interesting and important topics, I hope to make it possible to learn your target language faster, more effectively, and more enjoyably, while learning about things that matter to you. Finally, my golden rule has become possible to follow!

REVOLUTIONS OF THE WORLD

Throughout world history, some of the biggest changes have come from rebellion. From the American War of Independence to Gandhi's peaceful revolution, the course of history has been forever altered by the events of these revolutions.

Our present is shaped by events that changed the course of history: the rebellions that uphanded the status quo and made the world what it is today.

The study of all of the revolutions of the world can be a great way to understand the world around us, and historians keep studying the causes and implications of these events.

So, what better way to improve your Spanish than by learning all about the revolutions of the world?

Revolutions of the World in Simple Spanish is the ideal companion to help those with an interest in history improve their Spanish. Not only will you learn the vocabulary you need to talk about modern history in Spanish but you will also deepen your knowledge of history itself.

Informative, comprehensive, apolitical, and reviewed by a specialized academic editor for accuracy, this book is the perfect way to improve your Spanish while learning about one of the most fascinating aspects of modern history.

HOW TO USE THIS BOOK

There are many possible ways to use a resource such as this, which is written entirely in Spanish. In this section, I would like to offer my suggestions for using this book effectively, based on my experience with thousands of students and their struggles.

There are two main ways to work with content in a foreign language:

1. Intensively
2. Extensively

Intensive learning is when you examine the material in great detail, seeking to understand all the content – the meaning of vocabulary, the use of grammar, the pronunciation of difficult words, etc. You will typically spend much longer with each section and, therefore, cover less material overall. Traditional classroom learning generally involves intensive learning.

Extensive learning is the opposite of intensive. To learn extensively is to treat the material for what it is – not as the object of language study, but rather as content to be enjoyed and appreciated. To read a book for pleasure is an example of extensive reading. As such, the aim is not to stop and study the language that you find, but rather to read (and complete) the book.

There are pros and cons to both modes of study and, indeed, you may use a combination of both in your approach. However, the "default mode" for most people is to study *intensively*.

This is because there is the inevitable temptation to investigate anything you do not understand in the pursuit of progress and hope to eliminate all mistakes. Traditional language education trains us to do this. Similarly, it is not obvious to many readers how extensive study can be effective. The uncertainty and ambiguity can be uncomfortable: "There's so much I don't understand!"

In my experience, people have a tendency to drastically overestimate what they can learn from intensive study and drastically underestimate what they can gain from extensive study. My observations are as follows:

- **Intensive learning**: Although it is intuitive to try to "learn" something you don't understand, such as a new word, there is no guarantee you will actually manage to "learn" it! Indeed, you will be familiar with the feeling of trying to learn a new word, only to forget it shortly afterwards! Studying intensively is also time- consuming, meaning you can't cover as much material.

- **Extensive learning**: By contrast, when you study extensively, you cover huge amounts of material and give yourself exposure to much more content in the language than you otherwise would. In my view, this is the primary benefit of extensive learning. Given the immense size of the task of learning a foreign language, extensive learning is the only way to give yourself the exposure to the language that you need in order to stand a chance of acquiring it. You simply can't learn everything you need in the classroom!

When put like this, extensive learning may sound quite compelling! However, there is an obvious objection: "But how do I *learn* when I'm not looking up or memorising things?" This is an understandable doubt if you are used to a traditional approach to language study. However, the truth is that you can learn an extraordinary amount *passively* as you read and listen to the language, but only if you give yourself the opportunity to do so! Remember, you learned your mother tongue passively. There is no reason you shouldn't do the same with a second language!

Here are some of the characteristics of studying languages extensively:

Aim for completion: When you read material in a foreign language, your first job is to make your way through from beginning to end. Read to the end of the chapter or listen to the entire audio without worrying about things you don't understand. Set your sights on the finish line and don't get distracted. This is a vital behaviour to foster because it trains you to enjoy the material before you start to get lost in the details. This is how you read or listen to things in your native language, so it's the perfect thing to aim for!

Read for gist: The most effective way to make headway through a piece of content in another language is to ask yourself: "Can I follow the gist of what's going on?" You don't need to understand every word, just the main ideas. If you can, that's enough! You're set! You can understand and enjoy a great amount with gist alone, so carry on through the material and enjoy the feeling of making progress! If the material is so hard that you struggle to understand even the gist, then my advice for you would be to consider easier material.

Don't look up words: As tempting as it is to look up new words, doing so robs you of time that you could spend reading the material. In the extreme, you can spend so long looking up words that you never finish what you're reading. If you come across a word you don't understand… Don't worry! Keep calm and carry on. Focus on the goal of reaching the end of the chapter. You'll probably see that difficult word again soon, and you might guess the meaning in the meantime!

Don't analyse grammar: Similarly to new words, if you stop to study verb tenses or verb conjugations as you go, you'll never make any headway with the material. Try to *notice* the grammar that's being used (make a mental note) and carry on. Have you spotted some unfamiliar grammar? No problem. It can wait. Unfamiliar grammar rarely prevents you from understanding the gist of a passage, but can completely derail your reading if you insist on looking up and studying every grammar point you encounter. After a while, you'll be surprised by how this "difficult" grammar starts to become "normal"!

You don't understand? Don't worry! The feeling you often have when you are engaged in extensive learning is: "I don't understand". You may find an entire paragraph that you don't understand or that you find confusing. So, what's the best response? Spend the next hour trying to decode that difficult paragraph? Or continue reading regardless? (Hint: It's the latter!) When you read in your mother tongue, you will often skip entire paragraphs you find boring, so there's no need to feel guilty about doing the same when reading Spanish. Skipping difficult passages of text may feel like cheating, but it can, in fact, be a mature approach to reading that allows you to make progress through the material and, ultimately, learn more.

If you follow this mindset when you read Spanish, you will be training yourself to be a strong, independent Spanish learner who doesn't have to rely on a teacher or rule book to make progress and enjoy learning. As you will have noticed, this approach draws on the fact that your brain can learn many things naturally, without conscious study. This is something that we appear to have forgotten with the formalisation of the education system. But, speak to any accomplished language learner and they will confirm that their proficiency in languages comes not from their ability to memorise grammar rules, but from the time they spend reading, listening to, and speaking the language, enjoying the process, and integrating it into their lives.

So, I encourage you to embrace extensive learning, and trust in your natural abilities to learn languages, starting with... The contents of this book!

THE FIVE-STEP READING PROCESS

Here is my suggested five-step process for making the most of each chapter in this book:

1. **Read the short key points summarizing the chapter.** This is important, as it sets the context for the whole chapter, helping you understand what you are about to read. Take note of the main points discussed in each sub-section and if you need to remember what you should be focusing on, go back to the key points section.

2. **Read the short chapter all the way through without stopping.** Your aim is simply to reach the end of the section, so do not stop to look up words and do not worry if there are things you do not understand. Simply try to follow the gist of the chapter.

3. **Go back and read the same sub-section a second time.** If you like, you can read in more detail than before, but otherwise simply read it through one more time, using the vocabulary list to check unknown words and phrases where necessary.

4. By this point, you should be able to follow the gist of the chapter. **You might like to continue to read the same section a few more times until you feel confident.** Ask yourself: "Did I learn anything new about the revolutions of the world? Were any facts surprising?"

5. **Move on!** There is no need to understand every word in each paragraph, and the greatest value from the book comes from

reading it through to completion! Move on to the next section and do your best to enjoy the content at your own pace.

At every stage of the process, there will inevitably be parts you find difficult. Instead of worrying about the things you don't understand, try to focus instead on everything that you do understand, and congratulate yourself for the hard work you are putting into improving your Spanish.

A NOTE FROM THE EDITOR

When writing a history book, talking about 'revolutions of the world' is quite ambitious. General history (with a small 'h') refers to all of the events and processes that happen throughout time, from the smallest to the most significant. Moreover, historical time is infinite. We can calculate it in different measures and observe patterns that emerge throughout. This can be understood as the generic process of time as history. On the other hand, when we talk about History (with a capital H), we refer to the process of observing, analysing, and investigating all those elements that hold particular significance in altering the face of any society.

Why is this difference important? In the first instance, there are many elements that form the process, as I said, not all necessarily significant, while the latter can be understood as the study of how society is changed by external processes. For this reason, when one speaks about revolution, they must necessarily refer to those historical events that forever altered the face of society and the way the world perceives history itself as a continuum.

This book strives to give an overview of some of the revolutions that made a mark in modern history. As I mentioned above, when we talk about the modern world with its mechanisms, cultural biases, and social processes, we must consider the changes that alter our reality as we perceive it.

Firstly, this book will deal with the issue of defining what exactly we mean when we talk about 'revolution', the determining aspects of it, and the impact revolutions have had on modern societies. After this, each chapter will look at different aspects of one revolution, some of which resulted in armed conflict and ideological switches, such as the Russian Revolution and the Cuban Revolution.

Other chapters will focus on different kinds of revolutions. For instance, this book tells the story of the non-violent revolution of Gandhi, one of the most significant rebellions of the 20th century, where one of the most densely populated countries in the world (India) became the shining example of independence from the colonizing powers exerted on the Third World. Starting from this, stem other three revolutions that were deeply different from one another: the Haitian revolution, the Liberal Revolution of the 19th century, and the Iranian Revolution.

Throughout the book, we'll see that the bulk of revolutions around the world happened in the 20th century. In my opinion, this was one of the most turbulent periods of history, which is the reason for the high concentration of time-altering revolutions. The turmoil, which spanned generations, made it so that we continue to study the events contained in this book and explore their significance today.

The ideological and territorial disputes that first sparked these conflicts often continue to have very real consequences by way of wars and tension on an international stage that is almost impossible to resolve.

For this reason, it is important to continue to study these monumental conflicts. After all, what would history be if these revolutions had never happened? How different would our society be without them? And how can we help the world learn from these acts of rebellion? History helps us to view these processes through time and to treat these revolutionary acts with the correct dose of awe and skepticism of their failures and success, light and darkness.

Nicolás Walsh

1. ¡REVOLUCIÓN!

- *El concepto de revolución está muy relacionado con el de cambio profundo y radical.*
- *Las revoluciones nos permiten entender mejor de dónde venimos y el mundo en el que vivimos.*
- *Las revoluciones suelen provocar cambios profundos en la mentalidad y en los sistemas políticos.*

La palabra "revolución" tiene su origen en el término latino *revolutio/revolutiōnis*. Este término, a su vez, podría derivar de otro: *revolutum*, que significa en ese idioma "dar una vuelta" o "dar vueltas".

Hablar del origen de la palabra revolución nos puede ayudar a entender un poco mejor de qué hablamos exactamente cuando usamos esta palabra. La primera definición de revolución que podemos encontrar en el diccionario de la Real Academia Española (RAE) tiene que ver precisamente con su origen en latín: «acción y efecto de revolver o revolverse». Esta definición está conectada al concepto de revolución del que hablaremos en este libro: revolución como «cambio rápido y profundo en cualquier cosa» que lleva a un «levantamiento o **sublevación** popular».

Más concretamente, nosotros hablaremos de revolución como acto social y político. Hablaremos de revolución como el conjunto de actos sociales y políticos que generan un cambio profundo —y generalmente violento— en las estructuras políticas y socioeconómicas de un país o una comunidad. Hablaremos de este tipo de revolución haciendo un repaso por algunas de las principales revoluciones políticas y sociales de la historia moderna: desde el proceso revolucionario inglés del siglo XVII, hasta la reciente Primavera Árabe, pasando por la Revolución Americana, la Revolución Francesa, la Revolución Rusa, la Revolución China y la Rebelión no violenta de Gandhi en la India, entre otras. Desafortunadamente, no podremos **abarcar** todas las revoluciones en estas páginas, por lo que hemos tenido que hacer una selección de algunas de las más importantes.

En el término de revolución que trataremos conviven, por tanto, conceptos como "**revuelo**", "alboroto", "ruptura", "inquietud" o, incluso, "violencia", con otros como "cambio", "renovación", "regeneración" o "vanguardia". El término revolución es la intersección de todos estos conceptos, es decir, incluye ambas caras de la moneda. La ideología política o el lado de la historia del que la persona esté, determinará en muchas ocasiones que una revolución se perciba de una forma o de otra.

En este libro, como decimos, hablaremos de algunas de las revoluciones más **sonadas** y conocidas de los últimos siglos. Pero es importante recordar que el ser humano y la revolución han sido compañeros inseparables a lo largo de toda la historia. Lo han sido, probablemente, desde el principio de los tiempos y, **con toda certeza**, desde el origen de la civilización. Lo que queremos decir con esto es que la revolución, **al fin y al cabo**, es algo que llevamos dentro y que forma parte de nosotros como especie, como seres sociales y organizados que somos.

De este modo, las revoluciones son esenciales para entendernos como individuos y como sociedad, y para entender el mundo en el que vivimos. Son muy importantes para conocer las estructuras políticas, económicas y sociales que predominan en la actualidad, y también para entender la mentalidad detrás de los diferentes sistemas políticos que encontramos a día de hoy alrededor del planeta.

Podríamos decir que la revolución es la **chispa** que activa el cambio. Muchas veces, esa chispa provoca un auténtico incendio que cuestiona todo lo anterior. Nosotros, hoy, vivimos en las estructuras que han surgido de la **ceniza** de lo antiguo, y si queremos entender lo que somos y dónde estamos a día de hoy, debemos entender de dónde venimos y cómo llegamos hasta aquí. Además, debemos recordar que todo sigue en constante cambio, y que la revolución es algo que siempre está vivo y que existirá siempre **mientras** exista el ser humano.

Todo esto nos lleva a una pregunta interesante: ¿Cuándo surgirá la siguiente gran revolución? Solo el tiempo tiene la respuesta.

Vocabulary List

(la) sublevación uprising
abarcar include
(el) revuelo disturbance
sonadas popular
con toda certeza certainly
al fin y al cabo all in all
(la) chispa spark
(la) ceniza ash
mientras as long as

1.1. ¿QUÉ ES UNA REVOLUCIÓN?

- *Las revoluciones suponen cambios profundos en el conjunto de un sistema, y suelen afectar a las estructuras políticas, económicas y sociales, aunque también a otros ámbitos como la cultura, el arte o la religión.*
- *El pueblo llano suele jugar un papel protagonista en las grandes revoluciones.*
- *Las revoluciones despliegan sus efectos más allá de las fronteras y de las épocas en las que se producen.*

Solemos entender el concepto de revolución como un cambio radical o violento. Ese cambio suele producirse desde abajo, desde las **masas**, y genera una transformación rápida en las estructuras existentes. Las transformaciones que traen con ellas las revoluciones suelen afectar principalmente al sistema político, económico y social. Aunque también tienen repercusiones sobre otros contextos como, por ejemplo, el cultural, el religioso y el artístico, además de sobre la mentalidad y la forma de pensar de los ciudadanos. Además, una revolución que se produce en un país en un momento determinado de la historia suele provocar reacciones en otros países, e incluso en otras épocas.

REVOLUCIONES POLÍTICAS, ECONÓMICAS Y SOCIALES

Las revoluciones suelen afectar simultáneamente a los diferentes aparatos estructurales de un país o de una sociedad, es decir, suponen un cambio radical en el conjunto del sistema. Sin embargo, algunas revoluciones tienen más influencia en algunos ámbitos que en otros.

En el ámbito político, las revoluciones suelen traer con ellas una transformación radical del sistema político y de las instituciones que lo constituyen. Esto suele incluir un cambio de gobierno, un cambio de manos del poder. Este cambio suele venir como consecuencia de una crisis o **agotamiento** del sistema de gobierno anterior. Muchas veces, de hecho, ese sistema de gobierno suele percibirse como opresor o injusto. Un ejemplo paradigmático de este tipo de transformaciones, como veremos más adelante, lo encontramos en la Revolución Francesa.

En el ámbito económico, las revoluciones suelen provocar una alteración en los medios de producción y en las estructuras económicas de la sociedad. Es común ver alteraciones en las maneras de mover e intercambiar **bienes** y dinero, además de en la producción y distribución de la riqueza. El caso de Cuba es un ejemplo claro en el que las estructuras económicas fueron alteradas **a raíz de** la revolución.

En el ámbito social, las revoluciones pueden llegar a redefinir por completo una sociedad. Los lazos sociales y las relaciones e interacciones sociales pueden alterarse de un modo tan profundo que, en tan solo unos pocos años, resulta complicado reconocer a los países que las sufren. En otras palabras, las revoluciones pueden traer con ellas un auténtico cambio de orden. La Revolución Rusa es uno de los acontecimientos sociopolíticos más importantes del siglo XX precisamente por esto. Muchos historiadores, de hecho, caracterizan la Revolución Rusa de 1917 como una revolución social.

REVOLUCIÓN: UN FENÓMENO DE MASAS

Las revoluciones que trataremos en este libro suelen tener una cosa en común: ocurren desde abajo. Lo que queremos decir con esto es que, en muchos de los casos que estudiaremos, es el pueblo —o lo que es lo mismo, las masas— las que se organizan para tomar el poder (normalmente de forma violenta) e **instaurar** los cambios de sistema que **persiguen**. Aunque suelen hacerlo instigados por líderes revolucionarios, es el pueblo llano el que protagoniza las revueltas. Esto diferencia el concepto de revolución de otros, como el de Golpe de Estado.

Otra de las características que diferencian el concepto de revolución de otros conceptos, como el de "revuelta" tiene que ver precisamente con el grado de organización que logra alcanzar el pueblo en la persecución de sus objetivos revolucionarios.

EL ECO DE LAS REVOLUCIONES

Las ideas **se esparcen** rápidamente. Una vez que una idea sale al mundo, su potencial es ilimitado y esto, en parte, se debe a que se extienden como la **pólvora**. Las revoluciones nacen precisamente de ideas o, mejor dicho, de ideales. Y una vez que salta esa chispa, es difícil pararla. Esto explica que la repercusión de muchas de las revoluciones de las que hablaremos (y del resto de las revoluciones que ha protagonizado la humanidad) no se limite solo a la época y al territorio donde tienen lugar. Independientemente del éxito que tuviera, toda revolución es una semilla. Aunque algunas de ellas fueran aplastadas, aunque en algunas de ellas sus principios se corrompieran o fueran **malinterpretados**, toda idea que promueva una revolución tuvo —y tiene— la capacidad de traspasar fronteras y épocas, y de ser un ingrediente fundamental para generar otras revoluciones y otros cambios futuros. De hecho, la influencia de esas revoluciones, en muchos casos, nos alcanza hasta hoy.

> *¿Sabías que…?*
>
> *Ya desde la Antigua Grecia, el concepto de revolución era un tema de debate. Para filósofos como Platón o Aristóteles, la revolución era una consecuencia inevitable de la decadencia y de la falta de certeza del sistema de valores y los fundamentos morales y religiosos de un Estado.*

Vocabulary List

(el) pueblo llano ordinary people
jugar un papel protagonista play an important role
despliegan (they) deploy
(las) masas multitude
(el) agotamiento exhaustion
(los) bienes possessions
a raíz de as a result of
instaurar establish
persiguen (they) pursue
se esparcen (they) spread
(la) pólvora gunpowder
malinterpretados misunderstood

1.2. ¿PARA QUÉ SIRVEN LAS REVOLUCIONES?

- *Algunos pensadores, como el inglés Jonh Milton, defendían que las revoluciones eran una habilidad de la sociedad para alcanzar su potencial.*
- *Para Milton —y también para otros pensadores— la revolución podía convertirse en un derecho, o incluso en una obligación en caso de opresión por parte de un gobierno tiránico.*
- *La revolución es un concepto muy vinculado con la libertad y que busca, como uno de sus objetivos principales, alcanzar ese ideal tan elevado.*

Hay muchos ideólogos de la revolución. Hay muchos pensadores que defienden los principios de la revolución. Hay muchos líderes revolucionarios. Podemos encontrar decenas de citas célebres de muchos de ellos. Algunas tan famosas como el «*Mejor morir de pie que vivir de rodillas*» del líder revolucionario mejicano Emiliano Zapata; tan directas como el «*Una revolución es una idea tomada por bayonetas*», del mismísimo Napoleón Bonaparte; o tan evocadoras como el «*Hay décadas donde nada ocurre, y semanas donde ocurren décadas*» de Vladimir Ilich Lenin, uno de los principales actores de la Revolución Rusa. Y cientos más que **ponen de manifiesto** la cantidad de pensamientos y los litros de tinta que se han derramado en nombre de la revolución a lo largo de los siglos.

Para muchos de sus autores, la revolución es sinónimo de avance. Es una capacidad o habilidad que tienen los seres humanos para alcanzar su máximo potencial. Desde ese punto de vista, la revolución permite ese avance a través de la liberación y la opresión que impiden o ralentizan el desarrollo. Esa visión de revolución como avance es precisamente la que defendía el pensador del que vamos a hablar a continuación: John Milton.

Milton fue uno de los máximos exponentes del pensamiento revolucionario moderno. Y sus ideas con respecto a la revolución pueden ayudarnos a entender un poco mejor para qué sirven y cómo se justifican las revoluciones. Además, es apropiado mencionarlo ya que se trata de un ideólogo que **contribuyó** a crear el sistema político que condujo al proceso revolucionario inglés. Ese proceso que se dio en Inglaterra en el siglo XVII será la primera revolución de la que hablaremos en este libro (¡justo en el capítulo siguiente!).

Para Milton, como para muchos otros, la revolución es una facultad que tiene el pueblo para romper con lo establecido y alcanzar su máximo potencial[1]. De hecho, fue uno de los principales pensadores modernos que afirmó que el poder residía precisamente en el pueblo, y no en los gobernantes. Bajo este punto de vista, Milton defendía que la revolución es un derecho (que puede llegar a convertirse incluso en una obligación) de la sociedad para defenderse de tiranos o de sistemas de gobierno abusivos. Su pensamiento influyó

---

[1] «*Denme libertad para saber, pensar, creer y actuar libremente de acuerdo con la conciencia, sobre todas las demás libertades.*» J. Milton.

a otros de los grandes ideólogos de la revolución inglesa, como es el caso de John Locke. Y el eco de sus ideas resonó con fuerza en otras revoluciones como la Revolución Americana o, incluso, la Revolución Francesa.

El concepto de revolución de Milton está muy centrado en la idea de libertad. Y esa libertad es precisamente uno de los principios más característicos detrás de las revoluciones. De hecho, muchas de ellas pueden explicarse y justificarse **en base a** la búsqueda de ese ideal tan **venerado**.

Pero las revoluciones sirven para mucho más que para liberarse, y para mucho más que para romper con lo anterior. Sirven también para que salga a la luz por completo la naturaleza del hombre. Y la naturaleza del hombre es paradójica. De esta manera, es cierto tanto que a través de la revolución tengamos *«el poder de comenzar de nuevo el mundo»*, como dijo Thomas Paine, considerado uno de los padres de Estados Unidos; como que *«Toda revolución se evapora y deja atrás sólo el **limo** de una nueva burocracia»*, como dijo el célebre escritor Franz Kafka.

Con un poco de suerte este libro nos ayudará a entender un poco mejor qué es una revolución, y nos ofrecerá una visión general que nos ayude a comprenderla en toda su extensión. Con el valor que aporta y el escepticismo que merece. Con sus éxitos y sus fracasos. Con su luz y su oscuridad.

> *¿Sabías que…?*
>
> *John Milton fue uno de los primeros pensadores modernos defensores del divorcio. En 1643 escribió La doctrina y el castigo del divorcio. Allí argumentó que el matrimonio podía **disolverse** si las parejas no eran compatibles. Este punto de vista era totalmente revolucionario en la década de 1640. De hecho, la ley inglesa no recogió esta cuestión hasta unos 300 años después.*

Vocabulary List

ponen de manifiesto (they) bring to light
contribuyó contributed
en base a base on
venerado venerated
(el) limo sediment
disolverse break up

2. LAS GUERRAS CIVILES INGLESAS

- *Las Guerras Civiles Inglesas tuvieron lugar entre 1642 y 1651, y enfrentaron a los **partidarios** de la monarquía de Carlos I y a los partidarios del Parlamento inglés.*
- *Las guerras afectaron a todos los reinos de las Islas Británicas.*
- *Algunos historiadores enmarcan este periodo en otro más amplio que concluye después del reinado de Carlos II y la Revolución Gloriosa (1689), que provocó la caída de la monarquía absolutista de los Estuardo y la **consagración** de la monarquía parlamentaria.*

"Su Santísima Majestad el Rey Carlos I dando Órdenes Reales a su Secretario sobre la gran Rebelión". Grabado por un artista desconocido de los Discursos Históricos de Sir Edward Walker, publicado en 1705.

Las Guerras Civiles Inglesas son el nombre que se le da a un **convulso** periodo de la historia inglesa que tuvo lugar entre 1642 y 1651. A esta serie de enfrentamientos también se la conoce con el nombre de la Gran Rebelión, las Guerras Civiles Británicas o la Guerra de los Tres Reinos, ya que afectó a todos los territorios de las islas británicas.

Se trata de un conflicto entre los partidarios de la monarquía absolutista de Carlos I —y de su hijo y **sucesor**, Carlos II—, y los partidarios del Parlamento (además de con otros bloques opositores escoceses e irlandeses). El rey consideraba que gobernaba por derecho divino, y que solo se tenía que responsabilizar con sus actos de gobierno ante Dios. El Parlamento, por su parte, buscaba limitar el poder real, ya que la Carta Magna de 1215 **otorgaba** ciertas libertades.

Las tensiones entre la Corona inglesa y el Parlamento inglés habían existido durante todo el reinado de Carlos I. Las principales disputas tenían que ver con cuestiones políticas, financieras y religiosas. De hecho, cuando estalló el conflicto, Carlos ya había convocado y disuelto el Parlamento **a su antojo** varias veces.

La fecha oficial de inicio de las Guerras Civiles es 1642. Sin embargo, podemos decir que el conflicto se inició varios años antes, con las Guerra de los Obispos[2] en Escocia

---

[2] La **Guerra de los Obispos** fueron dos breves conflictos que enfrentaron a Carlos I y a los escoceses en 1639 y en 1640. Ocurrieron principalmente por motivos religiosos. La **falta de fondos** y de confianza en sus **tropas** llevó a Carlos I a firmar la paz cuando empezaba la batalla.

(1639-1640), y la Rebelión de Ulster (1641), en Irlanda.

A principios de enero de 1642, el rey, preocupado por su seguridad, huyó de Londres y se dirigió al norte. A lo largo de los siguientes meses la población empezó a dividirse para apoyar a uno u otro bando. El bloque que apoyaba a la corona incluía a **simpatizantes** del catolicismo, a los **anti-puritanos** y a la **nobleza** (entre otros), y se concentró en gran parte del norte y el oeste de Inglaterra. El bloque de apoyo a los parlamentarios incluía a la **clase media**, la nobleza y a los defensores del protestantismo, y se concentraron en el este y en el sur del país. En este bloque jugó un papel central Oliver Cromwell, que **se puso al mando de** un ejército profesional con el nombre de "*New Model Army*".

El 22 de agosto de 1642 el rey **elevó** su **estandarte** en Nottingham. Esto se consideraba una llamada a sus seguidores para **acudir** a su defensa, es decir, una declaración de guerra. Las Guerras Civiles Inglesas habían comenzado oficialmente.

Para algunos historiadores, sin embargo, el proceso revolucionario inglés no terminó con este periodo de enfrentamientos, sino que se extendió durante varias décadas más. Para ellos, este proceso continuó hasta la Revolución Gloriosa (1688-1689), que puso fin a la monarquía absolutista de los Estuardo, y consagró la

---

[3] La **Rebelión de Ulster** fue un **levantamiento** que tuvo lugar en Irlanda en 1641. Estuvo impulsado por un sector de católicos irlandeses que reclamaban mayores derechos religiosos, políticos y económicos. La rebelión acabó con la masacre de unos 4,000 pobladores protestantes.

monarquía parlamentaria en Inglaterra.

CRONOLOGÍA DEL PERIODO PREVIO A LAS GUERRAS CIVILES INGLESAS:

1625

- **27 de marzo:** Coronación de Carlos I, hijo de Jaime I, rey de Inglaterra, Escocia e Irlanda.

- **13 de junio:** Carlos I se casa con Henrietta María, una católica francesa hija del rey Enrique IV de Francia y María de Medici.

1627

- **Octubre:** Las fuerzas inglesas son **derrotadas** en La Rochelle (Francia) en un intento de Carlos I por ayudar al sector protestante de esa ciudad, que había sido atacado por fuerzas católicas.

1628

- **7 de junio:** El Parlamento presenta al rey su *Petition of Right*, un documento diseñado para limitar la capacidad del rey de crear nuevos impuestos sin la autorización del Parlamento. El rey lo firma **a regañadientes.**

- **22 de agosto:** George Villiers, **Duque** de Buckingham y **Alto Almirante** inglés, es asesinado por un lugarteniente de la armada. Villiers es un personaje impopular para el Parlamento y el pueblo, pero el rey llora su pérdida.

1629

- **10 de marzo:** Carlos I disuelve el Parlamento después de las críticas de varios miembros de la cámara por sus políticas fiscales y religiosas. Comienzan los once años de Reinado Personal. Los **desencuentros** del rey y del Parlamento habían estado presentes desde el principio de su reinado.

- **Marzo:** Carlos I arresta a varios miembros de la **Cámara de los Comunes** por ofensas contra el Estado. **Encarcelaron** a tres de ellos. El rey defiende esta acción diciendo que solo se responsabilizaba con sus actos ante Dios. Sin embargo, aumenta su impopularidad.

1632

- **Enero:** Thomas Wentworth aparece como Lord Deputy en Irlanda. Su gobierno se caracteriza por la **mano dura**. Esto provoca el descontento en varios sectores del país.

1633

- **Agosto:** William Laud es nombrado **arzobispo** de Canterbury. Laud tiene el apoyo del rey, y empieza a introducir algunos elementos de la liturgia cristiana en la Iglesia Anglicana. Esto no gusta a muchos ingleses.

1634-1636

- Carlos I introduce un nuevo impuesto para el mantenimiento de la armada inglesa. Se le llama *Ship Money*. El impuesto, en principio, se **impone** a los puertos y ciudades costeras. Más tarde, Carlos I lo amplía a las ciudades del interior. Todo esto lo hace sin la autorización del Parlamento.

1637

- **27 de julio:** Para intentar implementar una **conformidad** religiosa en los tres reinos, Carlos I había introducido un nuevo libro de oraciones en Escocia. Esto provocó un descontento que produjo importantes revueltas en la ciudad de Edimburgo.

1638

- **16 de abril:** Se firma en Escocia el *National Covenant*, un acuerdo que defiende la Iglesia Presbiteriana escocesa y se **opone** a las medidas religiosas del rey (que, para muchos, simpatizaban con el catolicismo). Carlos I ve en esto un acto de rebelión, lo que lleva al inicio de las Guerras de los Obispos.

1639

- **19 de junio:** Carlos I se siente obligado a firmar la Paz de Berwick después de la derrota de sus tropas —lideradas por Wentworth— en la frontera con Escocia.

1640

- **13 de abril:** Se abre el *Short Parliament*. El rey convoca al Parlamento para **sufragar** los gastos militares para reabrir la guerra en Escocia. El monarca y el Parlamento **no se ponen de acuerdo** y Carlos disuelve el Parlamento tres semanas después de convocarlo.

- **28 de agosto:** Los escoceses derrotan a las tropas inglesas en Newburn, al lado del río Tyne. Esta derrota obliga a Carlos I a firmar una humillante **tregua.**

- **3 de noviembre:** Se abre el *Long Parliament*. Con los escoceses establecidos en el norte, Carlos I se ve obligado a convocar al Parlamento de nuevo. En vez de **aportar** ayuda financiera al monarca, muchos miembros del Parlamento aprovechan para criticar y quejarse de muchas de las políticas del monarca.

1641

- **20 de mayo:** El Parlamento **llama a filas** a Thomas Wentworth, quien es juzgado y condenado a muerte.

- **Octubre:** Se produce la Rebelión de Ulster en Irlanda. Varios miles de pobladores protestantes e ingleses son asesinados u obligados a huir por los insurgentes católicos.

- **1 de diciembre:** El Parlamento presenta la *Grand Remonstrance*, una lista con los **agravios** del rey Carlos desde el comienzo de su reinado. Su principal **impulsor** es John Pym, un prominente miembro del Parlamento.

1642

- **4 de enero:** Carlos I trata de arrestar a 5 importantes miembros del Parlamento —entre ellos Pym— sin éxito. Este intento pone de manifiesto la **enemistad** entre el monarca y la cámara.

- **Marzo**: El Parlamento aprueba la *Militia Ordinance*, una ley que les permite tomar el control de un ejército propio e independiente del rey.

- **22 de agosto:** El rey Carlos I alza su estandarte en Nottingham. Comienzan las Guerras Civiles Inglesas.

Vocabulary List

(los) **partidarios** supporters
(la) **consagración** establishment
convulso agitated
(el) **sucesor** heir
otorgaba (it) granted
a su antojo as he pleases
(los) **simpatizantes** sympathizers
(los) **anti-puritanos** anti-Puritans
(la) **nobleza** aristocracy
(la) **clase media** middle class
se puso al mando de led (someone)
elevó (it) raised
(el) **estandarte** flag
acudir come
derrotadas defeated
falta de fondos lack of funds
(las) **tropas** troops
(el) **levantamiento** uprising
a regañadientes reluctantly
(el) **Duque** Duke
(el) **Alto Almirante** Major Admiral

(los) desencuentros disagreements
(la) Cámara de los Comunes House of Commons
encarcelaron (they) imprisoned
mano dura firm hand
(el) arzobispo archbishop
impone (he) imposes
(la) conformidad acceptance
se opone (he) opposes
sufragar defray
no se ponen de acuerdo (they) disagree
(la) tregua truce
aportar contribute
llama a filas (he) summons
(los) agravios grievances
(el) impulsor driving foce
(la) enemestidad enmity

2.1 EL CAMINO HACIA LA GUERRA

- *Las principales causas detrás del **clima** que provocó el conflicto inglés son políticas (ruptura entre el Parlamento y la corona), fiscales (subidas de impuestos sin autorización parlamentaria) y religiosas (temor del sector protestante mayoritario a un regreso al catolicismo).*
- *Otra de las causas se encuentra en la presión que se empezó a ejercer desde los territorios vecinos, Irlanda y Escocia.*
- *Los conflictos en estos territorios vecinos obligaron al monarca a convocar al Parlamento en dos ocasiones, pero las partes no consiguieron ponerse de acuerdo. Esto se convirtió en una corriente **escurridiza** que llevó a la guerra.*

El proceso revolucionario inglés es un periodo **complejo** que no se explica por una sola causa, sino por varias. En esta sección estudiaremos el contexto que llevó a la Gran Rebelión, veremos algunas de sus causas más importantes, y entenderemos los principales motivos de enemistad que llevaron al **estallido** del conflicto en 1942.

CONTEXTO PREVIO

Durante las décadas anteriores al conflicto inglés, el continente europeo estaba **sumido** en un periodo de inestabilidad y guerra. La Guerra de los Treinta Años

(1618-1648) fue la responsable de ese caos, esta guerra enfrentó a varias naciones europeas durante tres largas décadas.

La situación en Inglaterra durante las décadas anteriores a las Guerras Civiles Inglesas no fue tan convulsa. De hecho, el país **gozó** de relativa paz y **prosperidad,** especialmente durante la década de 1630. Sin embargo, el rey de Inglaterra, Carlos I, perdió popularidad a lo largo de esa década debido a sus políticas. Durante el periodo **comprendido** entre 1629 y 1640, el monarca gobernó por **decreto,** sin **tener en cuenta** al Parlamento. De hecho, él mismo había disuelto la cámara. A este periodo se le llama el "Reinado Personal" de Carlos I, aunque algunos de sus **detractores** lo conocen con el nombre de "La Tiranía de los Once Años".

Debemos recordar que, en esa época, el rey tenía amplios poderes para gobernar, pero debía acudir al Parlamento para determinadas cuestiones. Una de ellas era los impuestos. Pero Carlos I defendía que era rey por derecho divino y que no se tenía que responsabilizar con el Parlamento ni con nadie. Esto llevó al rey a imponer nuevos impuestos (más concretamente, impuestos para **reformar** la armada inglesa) sin la autorización del Parlamento.

A esto tenemos que sumarle que el monarca, **de la mano del** arzobispo de Canterbury, William Laud, comenzó a introducir reformas religiosas que empezaron a **alarmar** a los sectores protestantes del país. Estos temían que Carlos I tratase de reintroducir el catolicismo en Inglaterra. No ayudaba en este sentido que el rey se había casado con

Henrietta María, una reina católica de origen francés que **asumió** un rol activo en las reformas.

A pesar de las tensiones y las quejas, Carlos I logró mantener el orden en Inglaterra durante este tiempo. En el resto de sus **dominios**, es decir, en Escocia y en Irlanda, no ocurrió lo mismo. Esto, como veremos a continuación, provocó el estallido de la guerra.

LAS SEMILLAS DE LA REBELIÓN

La situación comenzó a complicarse de verdad para el rey Carlos I por sus decisiones políticas con respecto a Irlanda y Escocia.

En Irlanda, el rey **encomendó** a Thomas Wentworth el gobierno de Irlanda. Bajo su **mandato**, se empezaron a imponer medidas en interés de la corona inglesa que no gustaron a las élites gobernantes del país. En Escocia, las medidas de Carlos I tampoco estaban gustando a los **terratenientes** escoceses. Sin embargo, la introducción de una versión modificada del Libro de Oraciones Común Inglés en el país vecino fue lo que encendió la chispa de la insurrección.

Al rey Carlos no le gustaba lo que estaba ocurriendo en Escocia, por lo que trató de **retomar** el control de la situación y de los rebeldes escoceses. Sin embargo, la debilidad de su ejército le obligó a firmar la paz con ellos sin lograr esos objetivos.

El Parlamento Corto

Esto llevó a la convocatoria del Parlamento Corto —o *Short Parliament*—. Se llama así al periodo de tres semanas durante el cual el rey convocó al Parlamento para tratar de encontrar financiación rápida para **atajar** sus asuntos en Escocia (en ese momento estaba teniendo lugar allí la Guerra de los Obispos). Sin embargo, el rey y el Parlamento llevaban más de una década de ruptura y desconfiaban el uno del otro. Esto impidió que llegaran a un acuerdo. El rey, furioso, disolvió el Parlamento y marchó hacia Escocia con un ejército frágil y mal entrenado.

Los escoceses, por su parte, avanzaron de forma espectacular a través del norte de Inglaterra. Consiguieron derrotar a los ingleses en la Batalla de Newburn y tomaron la ciudad de Newcastle. Carlos, humillado, tuvo que negociar con los escoceses y volver a convocar al Parlamento.

El Parlamento Largo

Esto dio comienzo al periodo con el nombre de Parlamento Largo —o *Long Parliament*—. Este nuevo Parlamento se mantuvo durante veinte largos años, algo que nadie esperaba en ese momento (por eso tiene este nombre). Lo primero que se acordó fue juzgar —y más tarde, **ejecutar**— a Wentworth. Wentworth, además de las políticas que hemos mencionado en Irlanda, participó con el rey en las maniobras en Escocia. Esto explica que los opositores irlandeses y escoceses jugaran, además de con los opositores ingleses, un papel destacado en el proceso contra el político.

EL ESTALLIDO DE LA CONTIENDA

Todo este clima favoreció la insurrección en Irlanda llamada la Rebelión de Ulster, que provocó la enemistad entre el sector católico y el sector protestante en el país, además de importantes pérdidas materiales (sobre todo por medio del robo, el **saqueo** y **pillaje**) y humanas. Además, creó una importante crisis política en Inglaterra. La razón principal de esta crisis fue que, de nuevo, Carlos I y el Parlamento no conseguían ponerse de acuerdo sobre cómo **aplacar** a los insurgentes irlandeses. El monarca no quería aceptar las **peticiones** del Parlamento, por lo que **se movilizó** para la guerra, otra vez, por su cuenta. Esto le llevó a alzar su estandarte en Nottingham en agosto de 1642. Como ya hemos dicho, esto supuso el inicio oficial de la Primera Guerra Civil Inglesa.

> *¿Sabías que...?*
>
> *Las fuerzas partidarias de la corona se conocían con el **apodo** de "Cavaliers" (o Caballeros en español), ya que una parte importante de las tropas de Carlos I estaban compuestas por **caballería**. Los **combatientes** del bando de los parlamentarios recibieron el apodo de "Roundheads" (o Cabezas Redondas en español). Esto, según cuentan las crónicas de la época, se debe a que muchos de sus soldados llevaban el pelo muy corto, lo que hacía que sus cabezas parecieran muy redondas.*

Vocabulary List

(el) clima atmosphere
escurridiza evasive
complejo complicated
(el) estallido outbreak (of something)
sumido immersed
gozó (he) enjoyed
(la) prosperidad prosperity
comprendido between
(el) decreto decree
tener en cuenta keep in mind
(los) detractores detractors
reformar reform
de la mano de accompanied by
alarmar alarm
asumió (he) assumed
(los) dominios territories
encomendó (he) assigned
(el) mandado mandate
(los) terratenientes landowners
retomar recover (something)
atajar take a shortcut
ejecutar execute
(la) contienda dispute
(el) saqueo looting
(el) pillaje pillage
aplacar mitigate
(las) peticiones requests
se movilizó (he) mobilised
(el) apodo alias
(la) caballería cavalry
(los) combatientes combatants

2.2 EL DESARROLLO DEL CONFLICTO

- *Las Guerras Civiles Inglesas se dividen en tres: la Primera Guerra Civil Inglesa (1642-1646), la Segunda Guerra Civil Inglesa (1648-1649) y la Tercera Guerra Civil Inglesa (1650-1651).*
- *Las principales batallas de este conjunto de contiendas fueron la Batalla de Edgehill, la Batalla de Marston Moor y la Batalla de Naseby, la Batalla de Preston, la Batalla de Dunbar y la Batalla de Worcester.*
- *En 1649 el bloque parlamentario ejecutó al rey Carlos I.*

"La Batalla de Edgehill, 1642". Grabado por Michael van de Gucht, publicado en 1710 (c).

Es un día helado de finales de enero de 1649. El **verdugo** alza hacia el cielo el hacha. Debajo, arrodillado, está el rey de Inglaterra. El rey se muestra **desafiante** y orgulloso hasta el final. De hecho, algunos aseguran que ha decidido utilizar dos camisetas para protegerse del frío. No quiere empezar a **temblar** y que parezca que tiene miedo. Pero, a parte de esa última muestra de valentía, poco puede hacer. **La suerte está echada**. Pocos segundos después su cabeza se separa de su cuerpo y empieza a **chorrear** sangre. El reinado de Carlos I ha terminado.

No se ejecuta a un rey todos los días. Esto explica que este acontecimiento fuera uno de los más importantes del proceso revolucionario inglés, aunque no fuera el último. Pero, ¿cómo se llegó a esta situación? Y, lo que es igual de importante, ¿qué ocurrió después de la ejecución del monarca? En esta sección hablaremos de todo ello.

LA PRIMERA GUERRA CIVIL INGLESA (1642-1646)

Al principio de la contienda, las fuerzas estaban bastante igualadas. Ambos bandos estaban teniendo problemas para **reclutar**, equipar y **suministrar** a sus tropas. A finales de 1642, ambos bandos contaban con un ejército en el terreno de alrededor de 65,000. Sin embargo, durante la Primera Guerra Civil, **predominaron** los sitios y las **escaramuzas** más que las batallas en campo abierto. El objetivo principal durante esta guerra fue debilitar la economía del oponente sin **descuidar** los recursos propios.

El bando de los parlamentarios tenía cierta ventaja en este sentido ya que tenían el apoyo del sur y del este del país. Estas zonas eran más ricas que el norte y el oeste que **dominaban** los partidarios de la corona (además de Irlanda, que también apoyaba al rey). Además, los parlamentarios tenían el control de los principales puertos del país, y lo que es más importante, de Londres, la capital financiera del reino. De hecho, una de las principales obsesiones de Carlos I durante la guerra fue conseguir el control de Londres. El rey se terminó instalando en Oxford, aunque intentó tomar la capital en varias ocasiones. Sin embargo, todos sus intentos fueron frenados.

La Batalla de Edgehill

La Batalla de Edgehill (octubre de 1942) fue una de las principales batallas de la Primera Guerra Civil inglesa. Esta batalla, precisamente, tuvo lugar como consecuencia de una marcha de las tropas de Carlos I hacia Londres. Aunque no hubo una victoria clara de ningún bando, la batalla supuso un retraso crítico para las tropas de Carlos en su marcha hacia la capital. Ese retraso permitió a las tropas parlamentarias alcanzar Londres, conseguir refuerzos y frenar el avance de la corona un mes más tarde en Turnham Green, al oeste de la capital.

La Batalla de Marston Moor

Durante los primeros meses del conflicto los partidarios de la corona tomaron la iniciativa. A lo largo de 1643, de hecho, lograron algunos pequeños avances. Sin embargo, la situación se equilibró hasta alcanzar una situación de tablas.

Esta situación se mantuvo hasta la Batalla de Marston Moor, en julio de 1644. Esta batalla supuso la primera gran derrota de las fuerzas **leales** al rey Carlos I en las Guerras Civiles Inglesas. Los parlamentarios habían conseguido el apoyo de los escoceses, y derrotaron a los *Cavaliers* a las afueras de la ciudad de York. Gracias a esta victoria, el bando parlamentario logró el control del norte.

Esta batalla también **allanó el camino** para la **remodelación** del ejército parlamentario. Esa remodelación se completó en la primavera de 1645, y se le dio el nombre de *New Model Army*.

La Batalla de Naseby

El ejército parlamentario, con la reforma del "*New Model Army*", se convirtió en un ejército centralizado. Esto quiere decir que tenía un mando y una financiación única y centralizada, lo que otorgaba a este bando una ventaja importante frente a su oponente.

Este nuevo ejército fue el que se enfrentó a las tropas monárquicas al sur de Leicester en la Batalla de Naseby (junio de 1645). Las tropas parlamentarias estuvieron dirigidas por Oliver Cromwell, del que hablaremos en más detalle más adelante. Podríamos decir que esta batalla es el **punto álgido** de los enfrentamientos entre ambos bandos. La **convincente** victoria de los parlamentarios **hizo mella** en la moral y las esperanzas de los partidarios de Carlos I. **Tanto es así que,** solo un año más tarde, el rey fue tomado prisionero por sus enemigos.

Después de una serie de importantes victorias más en diferentes puntos del país, los parlamentarios obligaron al rey Carlos a **rendirse** ante los escoceses en mayo de 1646. Así se ponía fin a la Primera Guerra Civil inglesa.

LA SEGUNDA GUERRA CIVIL INGLESA (1648-1649)

La situación en Escocia y en Irlanda durante esta época también fue convulsa. Ambos países estaban inmersos en **sendas** guerras civiles. La Guerra Civil escocesa **se alargó** desde 1639 hasta 1652, mientras que la irlandesa tuvo lugar entre 1642 y 1649. Esta situación contribuye a explicar el cambio de bando de los escoceses durante la segunda y la tercera guerra civil inglesa. La contribución escocesa había sido decisiva para la victoria del bando parlamentario durante la primera guerra civil inglesa. Sin embargo, los escoceses esta vez decidieron aliarse con Carlos I **a cambio de concesiones** religiosas.

De hecho, precisamente esas tropas escocesas avanzaron desde el norte en julio de 1648 para intentar **invadir** Inglaterra. Sin embargo, fueron derrotadas por las tropas parlamentarias en la Batalla de Preston.

La ejecución de Carlos I

El 30 de enero de 1649, los parlamentarios, victoriosos, sentenciaron al rey a muerte. Esa ejecución resultó en el único periodo de gobierno republicano de la historia británica. Debemos recordar que el rey era rey de Inglaterra, pero también de Escocia y de Irlanda. Su ejecución abrió una crisis constitucional.

El líder militar Oliver Cromwell **se erigió** como Lord Protector de la Commonwealth. Pero la situación no era tan sencilla. Inglaterra se había convertido en una república, pero el resto de sus dominios (incluyendo las colonias americanas) reconocieron a Carlos II, el hijo mayor de Carlos I, como rey. Este periodo republicano duró once años y tiene el nombre de *"Interregnum"*.

LA TERCERA GUERRA CIVIL INGLESA (1650-1651)

La ejecución del rey había hecho que los escoceses y los irlandeses apoyaran con **fervor** al hijo del rey, Carlos II. Sin embargo, en agosto de 1649, las fuerzas conjuntas escocesas, irlandesas e inglesas habían sido derrotadas por los parlamentarios. Esto hizo que no pudieran repetir esa misma alianza en la Tercera Guerra Civil inglesa.

Gran parte de la Tercera Guerra Civil Inglesa **se libró** en suelo escocés. Esto se debió a que los escoceses empezaron a movilizar su ejército para reclamar los derechos al trono de Carlos II. La Batalla de Dunbar fue una de las batallas más importantes de este periodo (septiembre de 1650). En esta batalla, las tropas de Cromwell derrotaron a las tropas escocesas, lo que abrió un periodo de ocupación y gobierno inglés en Escocia que duró diez años.

A pesar de esta victoria, los escoceses no se rindieron y consiguieron reclutar un nuevo ejército que **irrumpió** de forma espectacular en Inglaterra. Su objetivo era tomar Londres. Cromwell consiguió frenar el avance escocés, logró una importante victoria en Worcester en septiembre de 1651, y obligó a Carlos II a huir a Francia. Esto otorgó a Cromwell el control indiscutido de Inglaterra y puso fin a las Guerras Civiles Inglesas.

Sin embargo, en 1660 se restableció la monarquía. Los Estuardo, con Carlos II como rey, recuperaron el poder. Esto abrió el periodo de la Restauración, que se extendió hasta 1688. Ese año, la Revolución Gloriosa puso fin a la monarquía absolutista de los Estuardo y consagró la monarquía parlamentaria en Inglaterra. Para algunos historiadores, ese acontecimiento constituye el verdadero final del proceso revolucionario inglés.

¿Sabías que...?

*A partir de 1647 el Parlamento tenía el control de gran parte del territorio inglés. Había un importante porcentaje de parlamentarios puritanos en la cámara. Para estos puritanos, la celebración de las fiestas navideñas podía ser vista como un **legado** de la Iglesia Católica. Esto llevó a Cromwell y al Parlamento a prohibir la celebración de las navidades durante un periodo de doce años.*

Vocabulary List

(el) verdugo executioner
desafiante defiant
temblar shiver
la suerte está echada the die is cast
chorrear gush
reclutar recruit
suministrar supply
predominaron (they) prevailed
(las) escaramuzas skirmishes
descuidar neglect
dominaban (they) command
leales loyals
allanó el camino (it) paved the way
(la) remodelación reorganization
(el) punto álgido decisive point
convincente convicing
hizo mella had an impact
tanto es así que so much so that
rendirse give up
sendas each
se alargó (it) prolonged
a cambio de in exchange for
(las) concesiones subventions
invadir invade
se erigió (he) proclaimed
(el) fervor enthusiasm
se libró (it) occurred
irrumpió (he) bursted in
(el) legado legacy

2.3 REPERCUSIONES DEL PROCESO REVOLUCIONARIO INGLÉS

- *Las Guerras Civiles Inglesas fueron uno de los conflictos más sangrientos de la historia de Gran Bretaña.*
- *Muchas de sus ideas, como las de limitación del poder real o la tolerancia religiosa, sobreviven hasta hoy.*
- *El proceso revolucionario inglés supuso un revés para el absolutismo e instauró la primera monarquía parlamentaria del mundo.*

El proceso revolucionario inglés fue un acontecimiento histórico muy importante. Tanto es así que algunas de sus repercusiones sobreviven hasta el día de hoy.

LEGADO

Lo primero que tenemos que decir es que la Guerra de los Tres Reinos fue uno de los conflictos más **sangrientos** librados en las Islas Británicas. Es difícil estimar el número total de **bajas** que causó este conflicto, pero se calcula que unos 85,000 soldados perdieron la vida en combate en Inglaterra y en Gales. A esto tenemos que sumarle otras cerca de 127,000 muertes asociadas al conflicto (incluyendo 40,000 civiles). En Escocia y en Irlanda el conflicto también fue **nefasto**. En Escocia murieron unos 15,000 civiles durante las guerras, mientras que en Irlanda el número se acerca a los 137,000. Para la población de la época esto son unos números enormes (la suma de 200,000 muertos civiles que provocaron las guerras directa o indirectamente representa cerca del 2,5% de la población).

Su legado ha sido tan importante que sigue siendo la última guerra civil librada en suelo inglés hasta la fecha —aunque no en suelo escocés ni irlandés—. Los efectos de las Guerras Civiles Inglesas explican el **duradero recelo** que ha existido desde entonces en las Islas Británicas por los ejércitos permanentes. Además, muchas de las ideas que **afloraron** durante este periodo han influenciado varias revoluciones posteriores y siguen sobreviviendo hasta la actualidad. La tolerancia religiosa y la limitación del poder real por parte de órganos parlamentarios son dos buenos ejemplos de ello.

Debemos recordar también que las Guerras de las Islas Británicas provocaron el primer juicio y ejecución de un monarca absolutista de la modernidad. Es cierto que no era la primera vez en la historia que el pueblo o alguno de sus órganos representativos se quitaba del poder, o incluso acababa con la vida de un rey. Sin embargo, esta fue la primera vez que ocurría durante el periodo del absolutismo.[4]

---

[4] El **absolutismo** es un sistema de gobierno que se caracteriza porque el poder lo **acumula** una sola persona, normalmente el monarca o rey. El monarca absolutista no **rinde cuentas** a ningún Parlamento ni a la sociedad en general, sino que cree que solo se tiene que responsabilizar de sus actos ante Dios. Este sistema de gobierno fue común en Europa desde el S. XVI hasta el S. XIX.

LA GRAN REBELIÓN Y EL PROCESO REVOLUCIONARIO INGLÉS

Algunos historiadores, como ya hemos dicho, entienden las Guerras Civiles Inglesas como parte de un proceso revolucionario más amplio. Si lo entendemos así, las repercusiones de estos conflictos son aún mayores. Veamos por qué.

Tras el final de la Tercera Guerra Civil Inglesa, llegó un periodo conocido como El Protectorado de los Cromwell (1652-1659). Durante este periodo, Cromwell suprimió la Cámara de los Lores —integrada por la nobleza y el **clero**—, e instauró **una especie de** dictadura apoyada en el ejército y la Cámara de los Comunes —integrada por diferentes sectores de la nobleza y la burguesía—. Declinó el título de rey, pero mantuvo el de Lord Protector. Además, aceptó la **potestad** que le concedió la Cámara de los Comunes de nombrar a su sucesor.

Oliver Cromwell, utilizando esa potestad, nombró como sucesor a su hijo Richard. Sin embargo, Richard renunció al poder. Tras la renuncia al poder de Richard Cromwell, se restauró la monarquía absolutista de los Estuardo durante un periodo conocido como la Restauración (1660-1688). El nuevo rey era Carlos II, del que ya hemos hablado anteriormente. Su reinado fue relativamente tranquilo hasta que su hermano Jacobo se convirtió al catolicismo. Esta fue una de las razones que llevó al Parlamento a aprobar el Acta de Prueba, que **inhabilitaba** a los católicos para ejercer actos públicos. También explica por qué la Cámara de los

Comunes trató de excluir a Jacobo de la sucesión al trono, aunque no tuviera éxito en su intento.

Tanto es así que Jacobo II subió al trono en 1685, después de la muerte de su hermano Carlos II. Jacobo intentó ganarse el apoyo de los católicos eliminando las limitaciones que les permitían ejercer cargos públicos. Esto, unido al nacimiento de su heredero en 1688, aumentó las tensiones entre el rey y el Parlamento. Todo ello derivó en la Revolución Gloriosa de 1688. Esta revolución fue **propiciada** por el Parlamento y **derrocó** al rey Estuardo, y llevó al poder a su hija María II y a su esposo, Guillermo de Orange III. Esto ponía fin a la monarquía absolutista, y consagraba un sistema de gobierno nuevo en el mundo que se ha mantenido en ese país hasta la actualidad: la monarquía parlamentaria.[5]

> *¿Sabías que…?*
>
> *Carlos II, el hijo de Carlos I tuvo que huir durante seis semanas para no ser capturado por aquellos que habían matado a su padre. Para escapar, Carlos tuvo que confiar su suerte a una familia de católicos con experiencia en la tarea de esconder curas católicos, la familia Penderel. Se cuenta que, durante su huida, el rey tuvo que disfrazarse de granjero, aprender el acento local e incluso esconderse en un árbol para evitar ser localizado por las tropas enemigas.*

---

[5] La monarquía parlamentaria es un sistema de gobierno en el que el rey ejerce una función simbólica con competencias muy limitadas. El poder real lo **ostenta** el Parlamento y el gobierno. En otras palabras, en la monarquía parlamentaria el rey ni reina ni gobierna.

Vocabulary List

(el) revés setback
sangrientos bloody
(las) bajas losses
nefasto terrible
duradero durable
(el) recelo mistrust
afloraron appeared
acumula (it) accumulates
no rinde cuentas (he) does not give an explanation
(el) clero clergy
una especie de a kind of
(la) potestad power
inhabilitaba disqualified
propiciada facilitated by (someone)
derrocó (it) overthrew
ostenta (he) holds

3. LA REVOLUCIÓN AMERICANA

- *La revolución americana tuvo lugar entre 1775 y 1783, y enfrentó a 13 colonias británicas de Norte América y al Imperio Británico.*
- *La contienda comenzó como una guerra civil, pero al final se convirtió en un conflicto internacional con la participación de Francia y España del lado de las colonias.*
- *De este periodo surgió la Declaración de Independencia, que contiene los principios básicos del liberalismo político.*

"Independencia electoral del Congreso". Una representación de la votación del Segundo Congreso Continental sobre la Declaración de Independencia de Estados Unidos, por Robert Edge Pine (pintada entre 1784 y 1801).

La Revolución Americana también tiene el nombre de la Guerra de Independencia de Estados Unidos o la Guerra Revolucionaria Americana. Tuvo lugar hacia finales del siglo XVIII, entre 1775 y 1783. Durante este periodo, 13 colonias británicas de Norte América se rebelaron contra el poder inglés y lograron la independencia. Esto significó la formación de los Estados Unidos de América.

La guerra surgió como resultado de un aumento de las tensiones entre la corona británica y una parte importante de las colonias norteamericanas del Imperio Británico. Este aumento de las tensiones se inició una década antes del inicio de la Guerra de Independencia estadounidense, y fue provocado por un cambio de política inglesa con respecto al gobierno de sus colonias.

Durante gran parte del siglo XVII y del siglo XVIII, la relación entre Gran Bretaña y sus colonias norteamericanas había sido **robusta** y pacífica. Las colonias gozaban de cierta capacidad de autogobierno, que permitía a los gobiernos de las colonias gobernar estos territorios sin la intervención del Parlamento inglés. Esta política se conocía con el nombre de *"salutary neglect"*. Durante este periodo, las colonias gozaron de prosperidad económica y relativa tranquilidad política. La relación con Gran Bretaña era buena y ambas partes se beneficiaban de la relación.

Esto, sin embargo, cambió. Una de las principales causas de este cambio, como veremos más adelante, fue la enorme deuda que había contraído Inglaterra a raíz de la Guerra de los Siete Años.[6]

Durante los primeros años de la Guerra Revolucionaria Americana, el conflicto se mantuvo como una guerra civil dentro del Imperio Británico. A partir de 1778, sin embargo, la guerra se convirtió en un conflicto internacional. Esto se debe a que Francia (en 1778) y España (en 1779) entraron en el conflicto del lado de las colonias. A esto tenemos que sumarle que Holanda reconoció oficialmente a los recién creados Estados Unidos y estuvo prestándoles importante apoyo financiero.

La revolución americana tuvo una gran repercusión, no solo en el continente americano sino en el resto del mundo. Por un lado, como hemos dicho, porque fue el origen de los Estados Unidos de América, la primera potencia económica y militar del momento actual. Por otro lado, porque durante esta revolución se firmó la Declaración de Independencia, un documento donde se reflejan los principios básicos del liberalismo político[7]. Esos principios —de los que hablaremos en más profundidad más adelante—, tuvieron una gran influencia en la Revolución Francesa y en otras revoluciones posteriores, y son relevantes todavía a día de hoy.

---

[6] La Guerra de los Siete Años (también conocida como Guerra Franco-India) fue un conflicto que tuvo lugar entre 1756 y 1763. Enfrentó a diversas potencias europeas. Francia, Austria, Sajonia, Suecia y Rusia formaban un bloque, y Prusia, Hannover y Gran Bretaña el otro. La guerra incluyó conflictos coloniales importantes entre Francia y Gran Bretaña.
[7] El liberalismo político es una filosofía política que defiende la libertad individual, limitación del poder del Estado y la igualdad ante la ley.

CRONOLOGÍA DEL PERIODO PREVIO A LAS GUERRAS CIVILES INGLESAS:

1763

- **10 de febrero:** La Guerra de los Siete Años termina con la Paz de París. Gran Bretaña surge como la gran vencedora y Francia tiene que entregar todos sus territorios norteamericanos al oeste del río Mississippi a los vencedores.

1764

- **5 de abril:** El Parlamento británico **promulga** la Ley del Azúcar (*Sugar Act*).

1765

- **22 de marzo:** El Parlamento británico promulga la Ley de Timbres (*Stamp Act*).

1767

- **Junio-julio:** El Parlamento británico promulga las leyes de Townshed (*Townshed acts*). Esta serie de leyes imponen nuevos impuestos y tratan de aumentar el control político sobre las colonias.

- **Octubre:** El descontento con respecto a los británicos crece en las colonias, sobre todo en Boston, Massachussets. El gobierno **manda** tropas del ejército a la ciudad para aplacar a los opositores.

1770

- **5 de marzo:** Tiene lugar el incidente que pasará a llamarse la Masacre de Boston (aunque los británicos **aluden** a este acontecimiento como "El incidente de King Street").

1772

- **Primavera:** Se crean los Comités de Correspondencia[8].

1773

- **16 de diciembre:** Tiene lugar el evento llamado *Boston Tea Party*.

1774

- **Marzo-junio:** El Parlamento inglés promulga las Leyes Coercitivas (o *Coercive Acts*) —también llamadas Leyes Intolerables (o *Intolerable Acts*).

1774

- **5 de septiembre:** El primer Congreso Continental se reúne en Filadelfia, Pensilvania.

---

[8] Los Comités de Correspondencia eran grupos de colonos que se establecieron en las diferentes colonias para coordinar la respuesta americana ante la política colonial británica. Esto supuso un paso importante hacia la colaboración, la acción conjunta y el desarrollo de la identidad nacional americana.

1775

- **18 de abril:** Las tropas británicas se movilizan desde Boston hasta Concord, Massachusetts. En Lexington, **se topan** con cientos de voluntarios americanos armados. En ese encuentro se producen los primeros disparos. La Guerra Revolucionaria Americana ha comenzado.

Vocabulary List

robusta robust
promulga (he) enacts
manda (he) sends
aluden (they) refer to
se topan (they) run into

3.1 LAS RAZONES QUE EXPLICAN LA REVOLUCIÓN AMERICANA

- *El coste de la Guerra de los Siete Años hizo que Gran Bretaña buscara aumentar su control político y económico en sus colonias norteamericanas.*
- *La promulgación de una serie de leyes y medidas que crearon nuevos impuestos y fortalecieron la presencia política y militar británica en las colonias provocó una fuerte oposición en las colonias.*
- *La actitud del gobierno británico ante las protestas avivó aún más el sentimiento antibritánico, aumentó la solidaridad entre las colonias y llevó a la creación de órganos representativos conjuntos que actuaron frente al poder imperial.*

Gran Bretaña fue la gran vencedora de la Guerra de los Siete Años. Gracias a ella, los británicos consiguieron inmensos territorios en Asia, África y América. Sin embargo, las guerras tienen un precio, y la Guerra de los Siete Años fue una guerra muy cara. Esto, unido a los gastos de mantener el enorme imperio británico, llevó a la corona inglesa al **borde** de la **bancarrota**.

El gobierno inglés, liderado por el primer ministro George Grenvile y **respaldado** por el rey Jorge III, creyó que las colonias americanas podían ayudar a **aliviar** esta situación económica. Esto llevó al gobierno inglés a aumentar el control político y financiero de las posesiones imperiales norteamericanas. Hasta entonces, la relación entre el gobierno británico y los colonos había sido tranquila y **próspera,** en gran parte porque los americanos gozaban de un importante **margen de maniobra** para manejar sus propios asuntos. Para algunos la nueva política británica estaba justificada, ya que ese país había defendido a las colonias durante la Guerra de los Siete Años. Sin embargo, en las colonias americanas comenzaron a surgir protestas **acaloradas** en contra de esta nueva estrategia y las medidas que traía con ella.

LA IMPOPULARIDAD DE LAS NUEVAS MEDIDAS

Una de las medidas británicas fue la creación de nuevos impuestos, algo que suele ser impopular. En este caso, no fue una excepción. Se empezaron a promulgar leyes como la Ley del Azúcar (1764), que establecía normas y restricciones comerciales que hacían que Londres se quedara con **jugosas** ganancias de los productos coloniales. El principal **propósito** de la ley era detener el **contrabando** extranjero de **melaza** a través de la reducción de impuestos por este producto. La ley, además, imponía nuevos impuestos sobre varios otros productos extranjeros importados y restringía la exportación de ciertos productos básicos como madera y hierro desde las colonias. Esta norma, y algunas otras como la prohibición de imprimir papel moneda en las colonias, empezó a generar un descontento importante entre los colonos.

Sin embargo, **la gota que colmó el vaso** fue la Ley de Timbres de 1765. Este impuesto **gravaba** los documentos oficiales y los productos impresos (periódicos, **panfletos**, cartas, posters, etc.), y fue el primer impuesto directo que los británicos establecían en las colonias americanas. Pero lo que consiguieron los ingleses fue algo muy distinto a lo que esperaban. Las colonias americanas, hasta entonces, habían gestionado sus asuntos de forma bastante **aislada**, pero el descontento que generó esta medida hizo que empezaran a unirse para protestar y reclamar mayores derechos. De hecho, un grupo de representantes de algunas de las colonias americanas se reunieron y lograron que el gobierno británico **derogase** la medida.

Pero no pararon de surgir leyes que establecían nuevos impuestos y mayor control político. Las leyes de Townshed son un buen ejemplo. Estas leyes imponían nuevos impuestos sobre una amplia **gama** de productos importados a las colonias (té, plomo, pintura, papel, cristal…). Muchos americanos vieron en ellas un abuso del poder británico y se opusieron con violencia y hostilidad a las normas y a los agentes británicos que trataban de imponerlas. Toda esta situación **culminó** con el derramamiento de sangre conocido como *Boston Massacre,* en 1770. En esa ocasión, la resistencia violenta de los manifestantes norteamericanos llevó a los soldados británicos a **abrir fuego** sobre la **multitud** y matar a cinco colonos.

La cosa no quedó ahí. El gobierno británico **siguió en sus trece** y promulgó en 1773 la Ley del Té. Esta ley perjudicaba mucho a los comerciantes de té americanos, ya que prácticamente otorgaba un monopolio en el comercio de té a la Compañía Británica de las Indias Orientales[9]. La oposición a esta medida provocó el incidente llamado *Boston Tea Party*. Durante este incidente, un grupo de colonos disfrazados de indios lanzaron al mar un importante **cargamento** de té. Esto no gustó nada al poder imperial británico. Como castigo, el gobierno británico intentó aislar a la colonia de Massachusetts por medio de las Leyes Coercitivas. Entre algunas de estas medidas se encuentra el cierre del puerto de Boston o la obligación de alojar a las tropas británicas en **tabernas** o edificios vacíos. Esto provocó que las colonias mostrasen un mayor apoyo y solidaridad hacia Massachusetts.

LOS ALBORES DE LOS ESTADOS UNIDOS DE AMÉRICA

Las medidas inglesas, una vez más, no aplacaron los ánimos de resistencia de los colonos. De hecho, más bien, los avivaron. En solidaridad con Massachussets, el resto de colonias iniciaron un boicot a los productos ingleses. También crearon el primer Congreso Continental (1775) para denunciar las medidas y actuaciones británicas. Este congreso reunía a representantes de las trece colonias que, en el futuro, se convirtieron en los EE.UU. Entre ellos encontramos personajes tan emblemáticos de la historia americana como George Washington, Samuel Adams,

---

[9] La **Compañía Británica de las Indias Orientales** era una compañía inglesa creada para comerciar con el sudoeste asiático e India.

Patrick Henry o John Lay.

El gobierno británico respondió a la petición de los representantes colonos de cancelar las Leyes Coercitivas mandando más tropas a América. La suerte parecía estar echada. Pocos meses más tarde comenzaron los enfrentamientos. Sin embargo, se tuvo que esperar al 4 de julio de 1776 para que las colonias firmasen la Declaración de Independencia. La guerra **llevaba en marcha** ya más de un año.

> *¿Sabías que...?*
>
> *Existía un plan secreto para asesinar a George Washington. El encargado de realizar la tarea de asesinar al presidente era ni más ni menos que su guardaespaldas personal, **un tipo** llamado Thomas Hickey. Otras personalidades importantes de la época como el gobernador de Nueva York o el alcalde de Nueva York estuvieron **involucrados** en el plan. Sin embargo, Hickey fue el único ejecutado por el crimen.*

Vocabulary List

avivó (it) intensified
(el) borde edge
(la) bancarrota bankruptcy
respaldado supported
aliviar relieve
próspera prosperous
margen de maniobra room to maneuver
acaloradas impassioned
jugosas substantial
(el) propósito aim
(el) contrabando contraband
(la) melaza molasses

la gota que colmó el vaso the straw that broke the camel's back
gravaba (it) taxed
(los) panfletos flyers
aislada isolated
derogase abolished
(la) gama range
culminó culminated
abrir fuego open fire
(la) multitud multitude
la cosa no quedó ahí things will not stop there
siguió en sus trece (he) dug in his heels
(el) cargamento shipment
(las) tabernas taverns
llevaba en marcha was operating
un tipo a guy
involucrados involved

3.2 ¿QUÉ OCURRIÓ DURANTE LA GUERRA DE INDEPENDENCIA DE EE.UU.?

- *Las batallas de Lexington y Concord abrieron el conflicto, la batalla de Bunker Hill acabó con la derrota rebelde pero aumentó la moral americana, y la Batalla de Saratoga propició la entrada de Francia en el conflicto del lado revolucionario.*

- *La Declaración de Independencia se firmó en el Congreso Continental del 4 de julio y estableció que las colonias americanas eran estados libres e independientes.*

- *Tras un periodo de tablas en el norte y de varias batallas en el sur, la causa revolucionaria triunfó. La firma del Tratado de París supuso el reconocimiento británico de la independencia de EE.UU y puso fin al conflicto.*

Es la noche del 18 de abril de 1775. Paul Revere, un patriota colono que se dedica al trabajo artesano con plata, **cabalga** a toda velocidad desde Boston hacia Lexington. Su objetivo es **alertar** a sus compatriotas de que las tropas británicas van en camino. Revere es un **ciudadano de a pie** al que, hasta entonces, pocos conocían. Pero después de esa cabalgada se convirtió en un auténtico héroe de la cultura popular americana. La razón es que su aviso a las milicias americanas —conocidas como *Minutemen*— fue crucial para que estuvieran preparadas para la batalla que se produjo al día siguiente. Y no fue una batalla cualquiera. Fue, ni más ni menos, la batalla que inició la Guerra de Independencia de los EE.UU.

DESARROLLO DE LA CONTIENDA

Batallas de Lexington y Concord

Las batallas de Lexington y Concord (abril 1775), por tanto, fueron el **pistoletazo de salida** de la Guerra de Independencia estadounidense. Según cuentan las crónicas de la época, los oficiales de ambos bandos habían ordenado a sus hombres mantener la posición y no disparar. No está claro quién apretó el **gatillo** primero, pero ese disparo se conoció popularmente con el nombre de *"the shot heard 'round the world"* (que se traduce en: "El disparo que se oyó en todo el mundo").

Las tropas británicas se estaban movilizando desde Boston hasta Concord, una localidad cercana a la gran ciudad, para **apoderarse** de un **alijo** de armas. Después del aviso de Paul Revere, los milicianos americanos se movilizaron también para **interceptar** a las tropas inglesas. El primer enfrentamiento tuvo lugar en Lexington Town Green, un espacio abierto de uso público a las afueras de ese pueblo. Al primer disparo le siguieron otros, y los ingleses tuvieron que **retroceder** rápidamente bajo el intenso fuego enemigo.

EL SEGUNDO CONGRESO CONTINENTAL Y LA BATALLA DE BUNKER HILL

Poco después del inicio de los enfrentamientos, los representantes que habían formado el Primer Congreso Internacional decidieron volver a reunirse. Lo hicieron a principios de mayo de 1775. En este Segundo Congreso Continental se decidió que había llegado la hora de prepararse para la guerra. Se decidió que se crearía un ejército (conocido con el nombre de: *Continental Army*), y George Washington fue elegido comandante en jefe. Además, durante el congreso se redactó la *Olive Branch Petition* (o Petición de la Rama de Olivo). Este documento se envió al rey inglés, Jorge III con la esperanza de alcanzar una resolución pacífica al conflicto. El rey, sin embargo, rechazó la petición y declaró a las colonias americanas en rebeldía.

Poco más tarde, el 17 de junio de 1775, tuvo lugar una de las primeras batallas importantes de la Revolución Americana. Fue la batalla de Bunker Hill. Los milicianos americanos habían obligado a los británicos a retroceder hasta Boston y **habían rodeado** la ciudad. Los británicos, tratando de **repeler** a los colonos, lanzaron un ataque contra ellos en Breed's Hill, en una localidad cercana a Boston llamada Charlestown. Las tropas americanas terminaron teniendo que retroceder y la batalla acabó con la victoria británica. Sin embargo, a pesar de la derrota, los colonos consideraron la batalla un éxito; habían conseguido causar muchas bajas en el regimiento inglés, y habían mostrado su capacidad de resistencia. Esto alentó la causa revolucionaria.

La Declaración de Independencia

Un mes después de la batalla de Bunker Hill, en julio de 1775, George Washington asumió el control del ejército continental. Durante el otoño y el invierno de ese año, a las fuerzas de Washington les estaba costando lograr avances significativos frente a las tropas británicas, comandadas por el general William Howe. Sin embargo, **la balanza se decantó** del lado de las fuerzas americanas. Esto se debió en gran parte a la captura por parte de las fuerzas revolucionarias de una serie de piezas de artillería del fuerte neoyorquino de Ticonderoga. En marzo de 1776, Howe y sus tropas se vieron obligados a retroceder hasta Canadá. Desde allí prepararon una invasión a Nueva York.

A medida que los meses pasaban y la posición de las tropas de Washington se fortalecía, más y más gente se sumó a la causa revolucionaria. Una mayoría cada vez más grande de colonos estaba a favor de la independencia de Gran Bretaña. El 4 julio el Congreso Continental se reunió para votar la adopción de la Declaración de Independencia. Este documento lo redactó un comité de cinco hombres, entre los que encontramos a Benjamin Franklin, John Adams y Thomas Jefferson (estos dos últimos fueron el segundo y el tercer presidente de Estados Unidos respectivamente). La Declaración de Independencia ponía por escrito lo que se había acordado en el Congreso algunos días antes. Era lo siguiente: «Estas Colonias Unidas son, y tienen derecho a ser, estados libres e independientes».

Ante esta situación los británicos trataron de aplacar la rebelión con fuerza. Ese mismo mes de julio los británicos mandaron un gran **contingente** de tropas a Nueva York. En agosto, las tropas de Howe habían derrotado al ejército continental en Long Island, y Washington se vio obligado a sacar sus tropas de la ciudad de Nueva York. Sin embargo, las tropas rebeldes no se rindieron. Washington decidió seguir presionando a las tropas británicas a lo largo del río Delaware. Consiguió dos primeras victorias importantes en Nueva Jersey, una en Trenton, en la noche de navidad de 1776, y otra en Princetown. Esto devolvió las esperanzas a los rebeldes, que se retiraron a sus **cuarteles** de invierno de Morristown convencidos de que su causa seguía adelante.

Saratoga: el escenario de una batalla decisiva

En Nueva Inglaterra, la rebelión gozaba de gran apoyo popular. A lo largo de 1777, la estrategia británica consistió en tratar de aislar a esta colonia del resto. Las tropas inglesas estaban divididas: los regimientos de Howe por un lado, y el ejército del general John Burgoyne por otro. Para hacer efectiva su estrategia habían decidido reunirse en el río Hudson.

De camino al sur, el ejército de Burgoyne sufrió una importante derrota tratando de retomar el Fuerte Ticonderoga, en el estado de Nueva York. Sin embargo, Howe tuvo mejor suerte en las dos ofensivas que lanzó para enfrentarse a las tropas de Washington al sur de Nueva York. Ganó las batallas de Brandywine (Pensilvania) y Germantown (un barrio de Filadelfia), pero el ejército continental no perdió la confianza y se retiró a sus cuarteles de invierno —cerca de Valley Forge, Pensilvania— con la sensación de que podían plantar cara a los ingleses.

Los movimientos de Howe habían dejado expuesto al ejército de Burgoyne cerca de Saratoga, en Nueva York. Un contingente del ejército continental liderado por el general Horatio Gates aprovechó esta situación y derrotó a los ingleses en varios enfrentamientos a lo largo de septiembre y octubre. Burgoyne se vio obligado a rendir todas sus tropas el 17 de octubre.

La batalla de Saratoga supuso un **punto de inflexión** en la Guerra Revolucionaria. A partir de este momento, los franceses decidieron entrar abiertamente en la guerra del lado de los rebeldes (aunque les habían estado ayudando secretamente desde 1776). Sin embargo, los franceses no declararon la guerra a los británicos hasta junio de 1778. Lo que había empezado como una guerra civil se había convertido en un conflicto internacional.

1778-1781: Una contienda muy igualada

Había sido un invierno duro en Valley Forge, pero las tropas de Washington salían de allí con mayor disciplina y mejor entrenadas. Esto fue posible gracias a la llegada de oficiales extranjeros con experiencia como Friedrich von Steuben o el Marqués de Lafayette, ambos enviados por los franceses. Washington trató de aprovechar esto en dos ofensivas en el norte durante el verano de 1778: una cerca de Monmouth, en Filadelfia, y otra, en Newport, Rhode Island (esta última ayudada por fuerzas francesas que **habían desembarcado** en la costa Atlántica). Sin embargo, esas ofensivas rebeldes no fueron **fructíferas** y el conflicto en el norte quedó en tablas.

Entre 1778 y 1781 las tropas revolucionarias sufrieron una serie de reveses. Uno de los más importantes fue la **deserción** de uno de los héroes de los primeros años de la revolución, el general Benedict Arnold. Arnold cambió de bando y se puso del lado de los ingleses, convirtiéndose en un símbolo de traición para los americanos. Otros problemas, como una serie de **motines** en las tropas continentales, **agravaron** la situación. Todo ello contribuyó a una serie de victorias británicas en el sur, como son la ocupación del estado de Georgia y la captura de Charleston (Carolina del Sur) en los primeros meses de 1779, además de otra victoria en Camden (Nueva Jersey) en agosto. Sin embargo, a medida que el tiempo pasó, los americanos se recompusieron y lograron algunas victorias en Carolina del Sur, concretamente en King's Mountain en octubre y en Cowpens a principios de 1781.

La Guerra Revolucionaria Americana llega a su fin

Durante 1781 las fuerzas revolucionarias poco a poco avanzaron frente a las tropas británicas. Para cuando llegó el otoño, el ejército comandado por Washington había conseguido hacer retroceder a un importante contingente británico hasta la Península de Yorktown, en Virginia. Las fuerzas de Washington y un contingente francés de 14,000 hombres liderado por Jean Baptiste de Rochambeau se enfrentaron a los ingleses en la bahía de Chesapeake, cerca de la desembocadura del río York. Además, 36 naves francesas contribuyeron a impedir que los británicos pudieran huir o recibir refuerzos por mar. Los británicos estaban atrapados y sobrepasados, y decidieron rendirse. Curiosamente, para hacerlo, el comandante británico, Lord Charles Cornwallis, mandó a su subcomandante, Charles O'Hara. O'Hara rindió su espada ante Rochambeau, pero el francés le dirigió a Washington. Washington, a su vez, **dio el visto bueno** a su propio subcomandante, Benjamin Lincoln, para aceptar la rendición.

De esta manera, este enfrentamiento —conocido con el nombre de la Batalla de Yorktown— significó el triunfo del movimiento revolucionario americano. Sin embargo, la guerra no terminó ahí. Aún había varios contingentes importantes de tropas británicas repartidas por diferentes territorios, sobre todo en la ciudad de Nueva York. Durante dos años la contienda permaneció en pausa. Ningún bando hizo movimientos decisivos.

Se entiende que los enfrentamientos terminaron cuando los británicos evacuaron sus tropas de Charleston (Carolina del Sur) y Savannah (Georgia) a finales de 1782. De hecho, en noviembre de ese año, los negociadores británicos y americanos firmaron un pacto preliminar de paz en la ciudad de París. Poco menos de un año más tarde, el 3 de septiembre, tuvo lugar el Tratado de París. Allí los británicos reconocían oficialmente la independencia de EE. UU., y se ponía fin definitivamente al conflicto.

Paralelamente, los británicos firmaron otros dos acuerdos de paz separados con Francia y España. Estos últimos, se habían incorporado al conflicto en 1779, y jugaron un papel importante a la hora de dividir los esfuerzos bélicos ingleses, además de lograr algunas victorias importantes para la causa americana en el Misisipi y el Golfo de México.

La revolución americana, después de ocho largos años, había terminado.

¿Sabías que...?

Mientras las tropas británicas se encontraban en Nueva York, muchos soldados participaron como actores en obras de teatro en Broadway. Las obras más populares entre ellos solían ser obras de Shakespeare, porque eran sofisticadas y de origen inglés. Algunos de estos soldados actores aprovechaban las actuaciones para incluir mensajes en favor del sentimiento pro-británico.

Vocabulary List

tablas tie (draw)
cabalga (he) rides
alertar warn
ciudadano de a pie ordinary citizen
(el) pistoletazo de salida starting signal
(el) gatillo trigger
apoderarse take control of (something)
(el) alijo shipment
interceptar intercept
retroceder go back
habían rodeado (they) had surrounded
repeler repel

la balanza se decantó tipped the scale
contingente contingent
(los) cuarteles quarters
de camino on the way
punto de inflexión turning point
habían desembarcado (they) had disembarked
fructíferas productive
(la) deserción desertion
(los) motines rebellions
agravaron (they) aggravate
dio el visto bueno (he) gave his approval
paralelamente at the same time

3.3 IDEOLOGÍA Y REPERCUSIONES DE LA REVOLUCIÓN AMERICANA

- *La Revolución Americana tuvo una importante influencia en el resto de las revoluciones modernas ya que sentó las bases de los sistemas políticos liberales modernos.*
- *Los ideales del liberalismo político en el que se basó la causa revolucionaria americana quedan reflejados en los documentos fundacionales de EE.UU, como son la Declaración de Independencia y la Constitución americana.*
- *La Revolución Americana tuvo una influencia significativa sobre los revolucionarios franceses. De hecho, menos de una década después del final de la Guerra de Independencia de EE. UU, estalló la Revolución Francesa.*

"Declaración de Independencia", por John Trumbull (1819).

Hay quien dice que la revolución americana es la madre de las revoluciones modernas. Tiene sentido que lo digan porque la revolución americana está **impregnada** de la filosofía que ha marcado los sistemas políticos occidentales desde ese momento. Esa filosofía sentó las bases del liberalismo político, que defiende la libertad individual y las libertades civiles. Entre los principios más importantes de esta ideología encontramos la igualdad ante la ley, la separación de poderes y el Estado de Derecho. Lo que deriva de estos principios es una limitación del poder del estado en la vida civil y también en la economía. Y **se asienta** sobre la protección de la propiedad privada. Los objetivos detrás de todo esto es la búsqueda de la libertad en el ser humano, garantizar la seguridad jurídica e impulsar el desarrollo económico de las naciones.

El liberalismo es una corriente de pensamiento que surgió en el siglo XVII como oposición al absolutismo. Sus primeros **antecedentes** los encontramos en las ideas de pensadores y escritores como John Locke o John Milton que, como ya hemos visto, jugaron un papel esencial en la revolución inglesa. De hecho, la revolución inglesa podemos decir que fue la primera chispa que mostró el poder de estas ideas revolucionarias. Pero la revolución americana **fue un paso más allá** y sentó las bases sobre las que se asientan gran parte de los sistemas políticos occidentales modernos.

LA ILUSTRACIÓN Y EL SIGLO DE LAS LUCES

Las ideas de filósofos ilustrados como Voltaire, Rousseau o Montesquieu se **abrieron paso** e influenciaron la causa revolucionaria americana. Estos filósofos **aspiraban** a ver el mundo a través de la razón, buscaban romper con ideas absolutas, creencias religiosas o pensamientos supersticiosos; también defendían los ideales del liberalismo, y los **articularon** de forma más clara y precisa. Podemos ver esa influencia tanto en los panfletos propagandísticos de la época de la revolución, como en los documentos fundacionales de la nación estadounidense: la Declaración de Independencia y la Constitución de EE.UU.

Cabe mencionar también en este sentido la figura de Thomas Paine, un intelectual, escritor y político americano considerado uno de los padres del país. Paine publicó un famoso panfleto llamado "Sentido Común" en el que criticaba la monarquía y el poder imperial británico y animaba a sus compatriotas a levantarse contra ellos.

LOS PRINCIPIOS LIBERALES Y EL NACIMIENTO DE ESTADOS UNIDOS

Los principios del liberalismo y la independencia de Estados Unidos están estrechamente vinculados. La Declaración de Independencia del 4 de julio de 1776 es un buen ejemplo. Allí podemos encontrar conceptos como "el derecho natural"[10], además de la defensa de derechos inalienables como la vida, la libertad y la búsqueda de

---

[10] El **derecho natural** es una doctrina ética y jurídica que defiende la existencia de una serie de derechos que se fundamentan en la naturaleza humana. Según esta doctrina, existen un conjunto de derechos universales, que son anteriores, superiores e independientes al derecho positivo y al derecho basado en costumbres.

libertad, u otros, como el derecho del pueblo a abolir/reformar a los gobiernos que **atenten** contra su libertad.

La Constitución americana, creada once años más tarde, también contiene los principios del liberalismo político, como la separación de poderes[11] propuesta por Montesquieu. De hecho, la constitución americana es considerada la primera constitución liberal del mundo.

UNA INSPIRACIÓN PARA LA REVOLUCIÓN FRANCESA

El apoyo francés a los revolucionarios americanos, como ya hemos visto, jugó un papel importante en el desarrollo de la Guerra de Independencia. Su entrada en el conflicto decantó la balanza del lado rebelde, y aportó una ayuda que pudo ser decisiva para la victoria de los colonos.

Sin embargo, los efectos que tuvo esta alianza en la relación y la influencia recíproca entre ambos países no quedó ahí. Ya lo dijo el propio Marqués de Lafayette, uno de los comandantes franceses: la revolución americana suponía el inicio de una nueva era, de «*(...) un nuevo orden social para el mundo entero (...) la era de la declaración de los derechos*».

Menos de una década más tarde, todo el peso de ese nuevo

[11] El principio de la separación de poderes establece que el poder debe estar divido en tres: el poder ejecutivo (ejercido por el gobierno y el presidente), el legislativo (ejercido por dos cámaras de representantes), y el judicial (ejercido por jueces y tribunales).

orden social, de esa nueva era, cayó sobre Francia. Los aires de la Revolución Francesa empezaban a agitarse en el viejo continente, pero las semillas de esa revolución ya **habían germinado** al otro lado del Atlántico. La influencia del movimiento revolucionario americano fue decisiva para construir la causa revolucionaria francesa, tanto o más como había sido decisivo el apoyo francés para la victoria americana sobre los británicos. Desde esta época hasta la actualidad, la historia de estos dos países está inevitablemente unida. La Revolución americana fue el mito; la francesa, la leyenda. Una leyenda que, como entenderemos después de leer la siguiente sección, **perdura** hasta hoy como la "revolución de las revoluciones".

¿Sabías que...?

Las mujeres también jugaron un papel fundamental en la Revolución Americana. **Salvo** *algunas pocas excepciones (como es el caso de la famosa Deborah Sampson, que se disfrazó de hombre para poder formar parte de los combates y participó en los enfrentamientos durante dos años sin ser descubierta), las mujeres no podían combatir. Sin embargo, esto* **no las desanimó** *a la hora de contribuir a la causa rebelde. Muchas se convirtieron en* **espías** *que se dedicaban a observar y escuchar a los soldados británicos que pasaban por sus pueblos y ciudades para tratar*

> *de **descifrar** información relevante. Una de ellas, Lydia Darragh, llegó a alertar a las tropas revolucionarias acerca de una serie de planes de ataque de los británicos. Esta información fue muy útil para el ejército de Washington a la hora de repeler un ataque británico en Whitemarsh, en el condado de Montgomery, Pensilvania. Algo parecido hizo Sybil Ludington cuando cabalgó casi 70 kilómetros en una noche para avisar a sus compatriotas de un ataque inglés. Otra mujer famosa de la guerra revolucionaria fue Mary Ludwig Hays McCauly (conocida también como "Molly Pitcher"). Esta mujer se encargó de llevar agua para refrescar tanto los cañones como a los agotados soldados americanos. Cuando **hirieron** a su marido, ella **tomó su puesto** en el cañón.*

Vocabulary List

sentó las bases (he) laid the foundations of (something)
impregnada (she) was influenced by
se asienta (it) settles
(los) antecedentes precedents
fue un paso más allá (he) went one step further
abrieron paso (they) made their way
aspiraban (they) aspired to (something)
articularon (they) articulated
cabe mencionar it is worth mentioning
atenten (they) put (something) at risk
habían germinado (they) had germinated
perdura (it) persists
salvo except
no las desanimó (it) did not discourage them
(las) espías spies
descifrar decipher
hirieron (they) injured
tomó su puesto (she) replaced him

4. LA REVOLUCIÓN FRANCESA

> - *La Revolución Francesa tuvo lugar entre 1789 y 1799, y supuso el fin del Antiguo Régimen y el comienzo de la Edad Contemporánea, que se mantiene hasta hoy.*
> - *La Revolución Francesa supuso un auténtico cambio de era que puso patas arriba las estructuras sociales y políticas anteriores y generó un nuevo orden que sirvió de inspiración para generaciones futuras alrededor de todo el globo.*
> - *En la práctica, el desarrollo de la revolución estuvo lejos de los sueños de los intelectuales que la inspiraron con sus ideas, pero mostró el poder y la fuerza del pueblo para retomar su soberanía y rebelarse contra la tiranía.*

Hay acontecimientos en la historia tan importantes que ellos, por sí solos, marcan el fin de una época y el inicio de otra. Esto es exactamente lo que ocurrió con la revolución francesa (1789-1799). La Revolución Francesa significó el fin de un mundo, el mundo del Antiguo Régimen.[12] Y —con la Revolución Industrial— **dio paso** a lo que fue una nueva era en la historia del mundo: la Edad Contemporánea (que es en la que nos encontramos actualmente).

---

[12] El Antiguo Régimen es un término acuñado en Francia precisamente durante la Revolución Francesa que hace referencia al conjunto de rasgos políticos, económicos, sociales y jurídicos que caracterizaron la forma de gobierno en los países europeos durante los siglos XVII y XVIII. Los rasgos más importantes de este sistema son: la monarquía absolutista, una estructura social dividida en **estamentos**, y una economía agraria que va girando hacia el capitalismo mercantil (esto

Estas distinciones y cambios de época, por supuesto, son solamente formas que tienen los historiadores de dividir la historia para entenderla y explicarla mejor. En realidad, la historia es siempre un continuo, no está rota en tramos o edades. Sin embargo, si se divide por motivos prácticos, utilizar la Revolución Francesa como acontecimiento que rompe la continuidad de la historia tiene sentido. ¿Por qué? Porque la Francia de 1799 no tenía absolutamente **nada que ver** con la Francia de 1789. Y experimentar un cambio tan grande en tan solo una década no es algo que ocurra muchas veces en la historia.

Pero, ¿qué cambio tanto? ¿Por qué la Revolución Francesa fue un acontecimiento tan ruidoso? La Revolución Francesa creó un estado totalmente nuevo. Supuso el fin del absolutismo, del feudalismo, y de los privilegios de la nobleza y el clero. De una monarquía absolutista se pasó a una república. Esto significó que los **súbditos** pasaron a ser ciudadanos con derechos reconocidos por el estado. Hasta la revolución, la sociedad estaba dirigida por la aristocracia, la nobleza y el clero. A partir de la revolución, la burguesía tomó el mando. Habían pasado tantos siglos desde que algo así ocurría que fue difícil poner nombre a las nuevas instituciones de gobierno y estructuras políticas que surgían. Nos tenemos que ir, ni más ni menos, hasta la época de Roma para encontrar palabras que sirvieran para nombrarlos. De ahí se recuperaron conceptos como: Senado, Consulado, Tribunado, etc.

---

hace que la importancia de la población rural poco a poco se sustituya por el crecimiento de la burguesía en las ciudades).

El cambio fue general, y no afectó solo a la política y a la sociedad, sino también a la economía, a la religión, al arte e, incluso, a la manera de relacionarse. Francia se convirtió, a partir de entonces, en un modelo y una inspiración para todos los pueblos y todos los líderes que perseguían la soberanía de sus pueblos bajo los principios del liberalismo: con la libertad política y la igualdad ante la ley **como banderas**. El mundo miraba a Francia con una mezcla de admiración y recelo. El fuego de la revolución se había encendido, y ya nadie podía parar las llamas. La estructura política y social cambió para siempre, y aunque se intentó volver a lo anterior en varias ocasiones, esa vuelta nunca **cuajó**. Nada volvió a ser igual.

La era de la «libertad, igualdad y fraternidad» —las palabras que construyeron el **lema** de la Revolución Francesa— había comenzado. Es cierto que, en la práctica, el desarrollo de la revolución estuvo lejos de los sueños de los idealistas y de los pensadores ilustrados que inspiraron su ideología. De hecho, la revolución provocó un caos y una violencia interna que se hizo insostenible. Esta situación solo se aplacó con la vuelta de la monarquía, en este caso la **del mismísimo Napoleón Bonaparte**. Pero la ruptura ya se había producido, y ya nunca se pudo volver a lo de antes.

Lo que es indiscutible, en cualquier caso, es que esta revolución mostró como pocas veces en la historia el poder del pueblo para rebelarse contra lo establecido e imponer sus propias normas.

Vocabulary List

puso patas arriba (it) turned upside down
dio paso (it) made way
(los) estamentos stratums
nada que ver nothing to do
(los) súbditos subjects of the crown
como banderas as a distinguishing mark
cuajó (it) crystallized
(el) lema motto
(del) mismísimo Napoleón Bonaparte the Naponeon Bonaparte himself

4.1 LOS ORÍGENES DE LA REVOLUCIÓN FRANCESA

> - *El origen de la Revolución Francesa se explica por una serie de antecedentes y una serie de causas. Algunas son comunes a otras revoluciones, otras son propias de esta revolución en concreto.*
> - *Los antecedentes de la Revolución Francesa son el proceso revolucionario inglés, las revueltas francesas de 1648-1653 y la Revolución Americana.*
> - *Entre las causas que explican la revolución francesa encontramos la estructura social europea en el S. XVIII, los cambios demográficos y las crisis económicas, la crisis política y el surgimiento de voces ilustradas que proponían una reforma social, y el despotismo de la monarquía francesa.*

Una revolución del **calibre** de la Revolución Francesa no **se gesta** en un solo día. Existen algunos antecedentes que precedieron a la causa revolucionaria francesa, y una serie de causas que explican los acontecimientos que tuvieron lugar entre 1789 y 1799 en Francia. En este capítulo hablaremos de algunas de las más importantes.

ANTECEDENTES DE LA REVOLUCIÓN FRANCESA

Para explicar el origen de la Revolución Francesa no podemos olvidarnos del proceso revolucionario inglés. Como ya hemos visto, ese proceso tuvo lugar a lo largo del

S. XVII, más de 100 años antes de que estallara la revolución en Francia. Sin embargo, la revolución inglesa jugó un papel importante en la causa revolucionaria francesa. Debemos recordar que durante las Guerras Civiles Inglesas se produjo el enjuiciamiento y la condena a muerte de un rey absolutista (en este caso, Carlos I). Tras la ejecución, los revolucionarios ingleses abolieron la monarquía y adoptaron —por primera vez en la historia moderna— una república. El nuevo sistema y sus principales instituciones de gobierno representaban las aspiraciones de una clase social que estaba en ascenso: la burguesía.

Esa guerra contra el absolutismo inglés, unida a la inestable situación en Francia **a mediados** del S. XVII, dio lugar a otro de los antecedentes de la Revolución Francesa: *La Fronda*. Este es el nombre por el que se suele conocer al conjunto de insurrecciones que tuvieron lugar en Francia entre 1648 y 1653 durante la **regencia** de Ana de Austria y la minoría de edad del rey Luis XIV. Estas revueltas surgieron como consecuencia de un descontento creciente contra la monarquía. Durante los dos reinados anteriores, los de Enrique IV (1589-1610) y Luis XIII (1610-1643) los poderes monárquicos **habían acaparado** gran poder. Ciertos sectores burgueses y urbanos, además de parte de la aristocracia, decidieron sublevarse. En los años iniciales de la sublevación se logró que los poderes monárquicos cedieran a ciertas exigencias parlamentarias. Sin embargo, al final, las revueltas fueron aplastadas por el Cardenal Mazarino, primer ministro durante la adolescencia del rey Luis XIV (1643-1715). *La Fronda* fue el último desafío serio a la monarquía hasta la Revolución Francesa, pero sirvió como precedente de un intento de poner límites al poder monárquico.

El nieto de Luis XIV, Luis XVI (1774-1789) decidió involucrar a Francia en la Guerra de Independencia de Estados Unidos. La Revolución Americana también sirvió como inspiración para los revolucionarios franceses. En ella vieron un ejemplo claro de cómo la causa liberal podía llevar a un pueblo a rebelarse contra un poder monárquico opresor y lograr sus objetivos. La participación francesa en la Guerra Revolucionaria Americana ayudó a los rebeldes a lograr la victoria, pero acabó con grandes deudas para la monarquía francesa. La difícil situación económica de la corona francesa llevó al gobierno de Luis XVI a aumentar los impuestos a los nobles. Los nobles, por su parte, trataron de aprovechar la situación para recuperar los privilegios que habían perdido bajo el gobierno tanto del cardenal Mazario, como del cardenal Richelieu, el ministro principal de Luis XIII. Como veremos en detalle más adelante, todo ello obligó al rey a convocar una asamblea de los estamentos del reino. Durante esta asamblea, el Tercer Estado —que representaba a los sectores de la burguesía, comerciantes **adinerados**, banqueros, industriales, y al pueblo llano, es decir, a la gran mayoría de la gente— aprovechó para reivindicar sus propios intereses e iniciar la Revolución Francesa.

CAUSAS DE LA REVOLUCIÓN FRANCESA

Muchas de las causas que explican la Revolución Francesa son comunes a muchas de las revoluciones que se han producido a lo largo de la historia en el mundo occidental. Otras, sin embargo, son particulares de la Revolución Francesa, y explican que fuese un conflicto tan violento y significativo.

Fin del feudalismo y auge de la burguesía

La primera de las causas que explican la Revolución Francesa es la estructura social dominante en Europa y el resto de occidente a finales del S. XVIII. El feudalismo se había debilitado, pero seguía presente en algunas zonas, sobre todo en zonas rurales. A lo largo de los siglos XVII y XVIII, los campesinos habían mejorado sus condiciones de vida y su educación. Muchos de ellos —especialmente en Francia— eran propietarios de pequeños terrenos y querían liberarse de los últimos **resquicios** del feudalismo para hacerse propietarios **de pleno derecho** y para poder aumentar sus posesiones. A esto tenemos que sumar el auge de la burguesía, una clase social formada por grandes comerciantes y terratenientes. Esa burguesía era cada vez más amplia y próspera. Y a medida que su posición se reforzaba, empezaban a surgir en ella aspiraciones políticas.

Cambios demográficos y crisis económica

En 1789, cuando se inició la Revolución Francesa, Francia era el país más poblado de Europa, con 26 millones de habitantes. El aumento de población era una tendencia que se repetía por toda Europa. Este aumento se explica por la bajada de la mortalidad, derivado del desarrollo económico y la mejora de las condiciones de vida en el continente que se empezaron a experimentar a partir del primer tercio del siglo XVII. En menos de 100 años, la población europea se **dobló**.

Un aumento de población tan rápido hace que no siempre sea fácil ajustar la oferta de alimentos y bienes de consumo con la creciente demanda. Durante buena parte del siglo XVII la situación económica fue próspera y permitió cubrir las nuevas necesidades. Sin embargo, a partir del último tercio del siglo la situación **empeoró**. Esto empezó a generar alarma social, crisis económicas e incluso algunas revueltas. Durante los meses anteriores a la revolución, la situación en Francia se hizo especialmente complicada debido a una serie de malas cosechas en 1788. Esto se sumó a un largo periodo de dificultades económicas en el país que generó el **caldo de cultivo** perfecto para el estallido de la revolución.

Crisis política y reforma social

La crisis económica de finales del S. XVIII derivó en una crisis política, y empezaron a surgir voces que proponían una reforma social. La visión de pensadores y filósofos como Descartes, Spinoza o Locke, y las ideas de otros como Montesquieu, Voltaire o Rosseau empezaron a **calar** entre los intelectuales y las clases educadas de toda Europa, especialmente en Francia.

Esta crisis política en Francia se vio **acentuada** por el aumento de la deuda provocada por la participación en diversas guerras a lo largo del S. XVIII (como la Guerra de los Siete Años o la Guerra Revolucionaria Americana). Esto llevó a los líderes absolutistas a tratar de aumentar los impuestos, sobre todo a la nobleza y el clero. La negativa de la aristocracia a pagar mayores impuestos enfrentó a los aristócratas y al gobierno. Este enfrentamiento hizo que ambas partes buscaran aliados tanto en la burguesía como en el campesinado. Esto reforzó la posición de negociación de estas clases sociales no privilegiadas (que hasta entonces había estado en una posición de gran desigualdad).

El despotismo de la monarquía francesa

Por último, no podemos olvidar el papel de la monarquía absolutista francesa como causante de la revolución que la **destronó**. El cambio de ideología en Europa hizo que ya no se viera al rey francés como un monarca designado por derecho divino. Sin embargo, la monarquía francesa no fue capaz de asumir esto y adaptarse a las nuevas corrientes de pensamiento europeo, ni a las nuevas presiones sociales y políticas que estaban surgiendo.

En otros países de Europa los líderes sí que habían adoptado algunas de las ideas de los pensadores ilustrados y, **en mayor o menor medida**, lo habían incorporado en su forma de gobernar en lo que se conoce como "despotismo ilustrado". Sin embargo, en Francia no fue así. Las **arbitrariedades** del absolutismo monárquico francés llevaron a la opresión de muchos de sus súbditos. Esto hizo que la popularidad de la corona **cayera en picado** y que pocos quisieran defenderla.

¿Sabías que...?

*El origen de la bandera tricolor francesa se remonta a la Revolución Francesa. La bandera representa la unión de los colores de la nación y la realeza (blanco) y la ciudad de París (azul y rojo). Durante los primeros días de la revolución los colores se unieron en forma de **escarapela**. Según cuentan las crónicas de la época, los milicianos se distinguían por sus escarapelas azules y rojas. El Marqués de LaFayette —que, tras su vuelta de Estados Unidos, se había convertido en Comandante de la Guardia Nacional y defendía la causa revolucionaria— añadió a esos colores el blanco.*

Vocabulary List

(el) calibre importance
se gesta (it) developes
a mediados in the middle of (something)
(la) regencia regency
habían acaparado (they) had accumulated
adinerados rich
(el) auge peak
(los) resquicios remnants of (something)
de pleno derecho full right to (something)
se dobló (it) doubled
empeoró (it) got worse
caldo de cultivo breeding ground
calar leave a mark on (someone)
acentuada accentuated
destronó (it) dethroned
en mayor o menor medida to a greater or lesser extent
(las) arbitrariedades arbitrariness
cayera en picado plummeted
(la) escarapela rosette

4.2 LAS ETAPAS DE LA REVOLUCIÓN FRANCESA

- *La Revolución Francesa empezó a cocerse durante las revueltas aristocráticas que tuvieron lugar entre 1787 y 1789.*
- *1789 fue el año álgido de la revolución, con acontecimientos tan famosos y simbólicos como la toma de la Bastilla.*
- *La revolución trajo con ella cambios muy profundos, y también mucha violencia. Esa violencia y la inestabilidad resultante acabaron con el golpe de estado de Napoleón Bonaparte en 1799.*

Podríamos decir que la Revolución Francesa empezó antes del inicio oficial de la Revolución Francesa. Concretamente, las revueltas aristocráticas que tuvieron lugar entre 1787 y 1789 **abonaron el terreno** de la causa revolucionaria y crearon un ambiente propicio para la insurrección. En esta sección avanzaremos desde esos años a lo largo de la siguiente década explicando las etapas de la revolución y sus principales acontecimientos hasta 1799, cuando Napoleón Bonaparte **proclamó** el fin de este periodo.

LAS REVUELTAS ARISTOCRÁTICAS DE 1787-1789

Como tantas otras veces, la Revolución Francesa empezó a **tomar forma** después de un intento de subir los impuestos.

En este caso, fueron las clases privilegiadas (nobleza y clero) las que tuvieron que asumir las cargas de estos ajustes fiscales. Se creó una asamblea de "notables" que rechazó la responsabilidad de imponer estas reformas y propuso la convocatoria de los Estados Generales. Los Estados Generales eran una asamblea representativa de los tres estamentos de la sociedad francesa de ese momento: el Primer Estado, formado por el clero; el Segundo Estado, formado por la nobleza; y el Tercer Estado, formado por la mayoría de la gente: el pueblo llano.

Los mandatarios franceses impusieron las reformas fiscales a pesar de la oposición de la aristocracia. Esto empezó a generar un ambiente de tensión y agitación en varias ciudades francesas. El rey se vio obligado a reaccionar. Nombró a un nuevo ministro de finanzas de **talante** más liberal y prometió convocar los Estados Generales el 5 de mayo de 1789. El rey había tratado de **flexibilizar** su posición (por ejemplo, otorgando libertad de prensa), pero el ambiente en los meses anteriores a esa esperada fecha siguió siendo convulso. Esto se debió al descontento que ya había calado en un sector importante de la población, que se vio incrementado por las malas cosechas de 1788.

1789: EL PUNTO ÁLGIDO DE LA REVOLUCIÓN

La Revolución Francesa y el año 1789 están estrechamente unidos. Los acontecimientos que tuvieron lugar ese año explican la magnitud y la importancia de esta revolución. Todo comenzó en Versalles, en esa fecha tan marcada en el calendario de los franceses: el 5 de mayo. Era el día en que se reunían los Estados Generales franceses por primera vez en casi dos siglos (la última vez había sido en 1614).

El Tercer Estado se planta

Las controversias no tardaron en aparecer. Los primeros desacuerdos tuvieron que ver con una cuestión importante: la forma de votar en la asamblea. Concretamente, el núcleo de la cuestión era la división entre los partidarios de votar por cabeza (lo que otorgaba ventaja al tercer estado, con 600 representantes), o votar por Estado (lo que otorgaba ventaja a los sectores privilegiados de la nobleza y el clero, con 300 representantes cada uno).

Las discusiones sobre este asunto no se resolvían y los representantes del Tercer Estado se declararon Asamblea Nacional y amenazaron con continuar por su cuenta. Esto ocurrió el 17 de junio. Al hacerlo, recibieron el apoyo de un importante sector más humilde del clero. Las fuerzas reales trataron de evitar que la Asamblea Nacional se reuniera. Lo que consiguieron con ello fue que, el 20 de junio, los miembros de la Asamblea ocuparan una de las propiedades de la corona (la pista cubierta de tenis del rey). Allí juraron no **dispersarse** hasta que Francia tuviera una nueva constitución. Al rey **no le quedó más remedio** que ceder. Ordenó a la nobleza y al resto del clero unirse a la asamblea, que pasó a llamarse oficialmente Asamblea Nacional Constituyente. Sin embargo, el rey no estaba contento con la situación y empezó a organizar a sus tropas para disolver la nueva institución.

El Gran Miedo

En julio de 1789 tuvieron lugar una serie de acontecimientos que se conocen como el Gran Miedo (*Grande Peur* en francés). Fue un periodo en el que **cundió el pánico** y los campesinos se sublevaron en varios lugares del país. Los rumores de una "conspiración aristocrática" por la cual el rey y los aristócratas planeaban **desmantelar** el Tercer Estado fue la principal causa del pánico. Pero a esta causa tenemos que sumarle otras, como que los problemas de suministros de comida eran cada vez mayores, que el ministro Necker había sido destituido o que las tropas reales se empezaron a reunir alrededor de París.

Todo ello provocó la famosa insurrección que llevó a la toma de la fortaleza de la Bastilla el 14 de julio. Esta fortaleza era un símbolo de la opresión y la tiranía de la monarquía, ya que era donde llevaban a los opositores a la monarquía para ser castigados. Ante esta situación, el rey, de nuevo, tuvo que ceder y reconoció la soberanía del pueblo. Lo hizo llevando por primera vez una escarapela tricolor.

En el campo la situación también estalló. Los campesinos empezaron a levantarse contra los señores, atacando sus castillos y destruyendo documentos feudales. En un intento de aplacar su ira, la Asamblea Nacional Constituyente decretó la abolición del régimen feudal y del diezmo[13]. Sin embargo, esto no parecía suficiente para contentar a los furiosos campesinos. Esto llevó a aprobar la

---

[13] El **diezmo** era un tributo que debían pagar los campesinos a la Iglesia. Representaba el 10% de la producción agrícola y ganadera. Es un impuesto muy antiguo y su origen no se conoce **a ciencia cierta.**

Declaración de Derechos del Hombre y del Ciudadano, un documento que proclamaba la libertad, la igualdad ante la ley, la inviolabilidad de la propiedad privada y el derecho del pueblo a resistirse frente a la opresión.

El rey se niega

Todo esto era demasiado para el rey, por lo que se negó a dar el visto bueno a las nuevas medidas. Los parisinos volvieron a sublevarse y marcharon a Versalles a principios de octubre. Obligaron al rey y a su corte a volver a París y a trabajar con la Asamblea Nacional Constituyente para crear una nueva constitución. El nuevo orden se había despertado.

LO NUEVO SE ABRE PASO

El nuevo régimen que se instauró en Francia en los años siguientes a la toma de la Bastilla convirtió al país en algo completamente nuevo. Las medidas que se empezaron a implantar no tenían precedente y representan un auténtico cambio de paradigma en la mentalidad, en la forma de hacer política y en la sociedad de la época.

Los cambios llegaron en bloque y **sin contemplaciones**: se terminó de abolir el feudalismo y se suprimieron las viejas estructuras de organización social, se estableció la igualdad civil entre ciudadanos, y se permitió que más de la mitad de la población masculina votara. Además, se nacionalizaron las propiedades de la Iglesia Católica Romana para pagar la deuda pública, y se reorganizó la administración y el papel de la Iglesia (esto último con la fuerte oposición de gran parte del clero y el rechazo del Papa del momento, Pio VI). La administración territorial se sustituyó por una nueva. Y la administración de la justicia también se adoptó al nuevo sistema (por ejemplo, los jueces ahora podían ser elegidos).

Por último, se trató de introducir cambios en la monarquía para que la Asamblea y el rey compartieran los poderes ejecutivos y legislativos. El rey tenía una posición cada vez más débil, y esto le hizo reaccionar **a la defensiva** y trató de oponerse al nuevo sistema político. La pasividad del monarca y la falta de capacidad de sus asesores de entender el **cambio de rumbo** del país contribuyeron a su caída. Esos asesores eran aristócratas y **no veían con buenos ojos** las nuevas medidas porque reducían su influencia y su poder. El rey, por tanto, se negó a compartir el poder y trató de huir con su familia en junio de 1791. Sin embargo, no lo consiguieron. Fueron interceptados en Varennes y devueltos a París. Allí no les esperaba nada bueno.

LA GUILLOTINA GANA PROTAGONISMO

La Revolución Francesa se caracteriza, entre otras cosas, por la violencia con la que se llevaron a cabo muchas acciones durante este periodo. Las reacciones al nuevo régimen instaurado no fueron fáciles de asimilar para muchos, y esto generó confrontación. Esa confrontación vino en forma de **contrarrevolución**, guerra, **regicidio** y un periodo de caos y violencia generalizada conocido como "Reinado del Terror" o, sencillamente, "Terror".

Contrarrevolución

A los revolucionarios franceses les salieron muchos amigos **a lo largo y ancho** de Europa que querían ver cambios en sus propios países y veían en los eventos de Francia una inspiración. Pero también aparecieron muchos detractores de la revolución, que salían tanto de la propia Francia como de países cercanos. Un importante grupo de contrarrevolucionarios franceses (formado por nobles, miembros de la iglesia y algunos burgueses) decidieron exiliarse del país. Muchos de ellos empezaron a formar grupos armados en la frontera nororiental francesa, y buscaron apoyo de líderes europeos **afines** a su ideología.

Al principio, la mayoría de los líderes europeos no dieron mayor importancia a la revolución y **se mantuvieron al margen**. Sin embargo, a medida que los acontecimientos se desarrollaron, esto cambió. Hubo un par de hechos importantes que llevaron a este cambio de actitud. El primero es la proclamación del derecho de **autodeterminación** de los pueblos por parte de la Asamblea Nacional Constituyente. El segundo es la adhesión del territorio papal de Avignon en base a este principio en septiembre de 1791.

Los revolucionarios franceses, por su parte, buscaban propagar la revolución, y mostraron una política exterior agresiva. Luis XVI también se mostró agresivo, lo hizo creyendo que esa actitud, o bien reforzaría su autoridad, o al menos provocaría una ocupación de fuerzas extranjeras que acabarían rescatándole de los revolucionarios. Todo ello llevó a que el 20 de abril de 1792 Francia declarase la guerra a Austria.

Guerra y regicidio

La guerra contra Austria se dividió en cuatro fases.

Primera fase (abril-septiembre de 1792):

Durante los primeros meses de la guerra, Francia sufrió importantes derrotas.

En julio, Prusia se unió al conflicto. Las fuerzas contrarrevolucionarias cruzaron la frontera y avanzaron rápidamente hacia Paris. Allí, en agosto, los revolucionarios se sublevaron y ocuparon el Palacio de las Tullerías, donde vivía la familia real. Lo hicieron en respuesta a la actitud de María Antonieta, la esposa del rey. María Antonieta **no tenía buena fama** entre los revolucionarios. Una de las principales razones de esto es que, secretamente, había pedido a su hermano, Leopoldo II (rey de Hungría, archiduque de Austria y Emperador del Imperio Romano), que invadiera Francia. Otra de las razones importantes fue la enorme distancia y la indiferencia de la reina con las miserias del pueblo.

Los revolucionarios encarcelaron a la familia real. Además, masacraron a un gran número de nobles y miembros del clero que había en las prisiones. Muchos de esos revolucionarios se alistaron al ejército francés y frenaron a los prusianos en septiembre de 1792, en Valmy, al noroeste de Francia. En ese momento se creó una nueva asamblea, la Convención Nacional. Allí se abolió la monarquía y se proclamó una república en Francia.

Segunda fase y ejecución de Luis XVI (septiembre1792-abril 1793):

Durante la segunda fase de la guerra la tendencia cambió y los revolucionarios franceses lograron importantes victorias. **Internamente**, la Convención Nacional estaba dividida entre los *Girondinos* y los *Jacobinos* (también conocidos con el nombre de *Montañeses*). Los Girondinos querían organizar Francia en una república burguesa, y extenderla por alrededor de Europa. Los jacobinos, liderados por Maximilien Robespierre, eran más radicales y querían que las clases bajas tuvieran más poder político y económico.

La postura de los montañeses se impuso a la de los girondinos en la determinación del destino del rey y su esposa. El 21 de enero de 1793, la Convención Nacional juzgó al rey Luis XVI y le condenó a muerte por traición. Nueve meses más tarde, María Antonieta **corrió la misma suerte**. La guillotina ya era protagonista.

Tercera fase y Terror (primavera 1793-julio de 1794):

Durante la primavera de 1793 la tendencia de la guerra volvió a cambiar. Gran Bretaña entró en la guerra apoyando el bando austro-prussiano, y Francia sufrió importantes derrotas. Tanto es así que las fuerzas enemigas llegaron a amenazar París.

Ante esta situación los girondinos, más moderados, fueron perdiendo poder hasta ser expulsados de la Convención Nacional. Los montañeses, presionados por los *sansculottes* (miembros de los sectores menos privilegiados de la sociedad: artesanos, sirvientes, pequeños artesanos, obreros, etc.), empezaron a imponer medidas políticas sociales y económicas más y más radicales. Introdujeron un control gubernamental a los precios, aumentaron los ingresos a los ricos, introdujeron la asistencia social para pobres y **discapacitados**, declararon la educación obligatoria y gratuita, y **confiscaron** las propiedades de los contrarrevolucionarios emigrados.

Esto provocó una importante oposición en determinados sectores de Francia. Algunos de esos sectores reaccionaron violentamente en varios lugares del país. Esto dio lugar al "Reinado del Terror", que tuvo lugar entre septiembre de 1793 y julio de 1794. Durante este periodo, la oposición se aplacó brutalmente. Más de 300,000 personas fueron arrestadas y unas 17,000 fueron condenadas a muerte. Otras muchas murieron en prisiones o fueron ejecutadas sin juicio.

Cuarta fase (primavera 1794-octubre 1795):

Durante la etapa del Terror, otra de las medidas del gobierno revolucionario fue reclutar un gran ejército de más de un millón de hombres. Este ejército contribuyó a cambiar de nuevo el signo de la guerra y permitió a Francia lograr victorias importantes (una de las más determinantes tuvo lugar en Fleurus frente a los austriacos en junio de 1794).

Estas victorias, unidas a las tensiones internas que seguía habiendo de la Convención Nacional, hicieron que las medidas sociales y políticas impuestas por los montañeses no se vieran ya con buenos ojos. Robespierre, que había propuesto muchas de esas medidas, fue expulsado de la Convención Nacional y ejecutado poco después. Gran parte de las medidas se abolieron.

Después de esto, la Convención Nacional empezó a crear una nueva constitución. **Mientras tanto**, las fuerzas monárquicas empezaron a presionar por el sudeste y por el oeste. Sin embargo, una nueva figura **emergió** hacia finales de 1795 y frenó el avance de los monárquicos. Su nombre era Napoleón Bonaparte.

NAPOLEÓN TOMA EL MANDO

La constitución que había aprobado la Convención Nacional estableció en Francia una República Burguesa. Esta nueva constitución estableció que el poder ejecutivo **recaía** sobre un Directorio formado por 5 miembros, y que el poder legislativo se repartía entre dos cámaras: el Consejo de Ancianos y el Consejo de los Quinientos. Sin embargo, la inestabilidad siguió predominando en Francia y el Directorio no fue capaz de mantener el control del gobierno.

Napoleón Bonaparte era el comandante en jefe del ejército francés, y gozaba de un gran prestigio militar en Europa (debemos recordar que Napoleón tuvo bajo su poder grandes territorios de Europa durante estos años: en 1795 ocupó Renania y Holanda, y la Toscana, Prusia y España negociaban con él la paz; en 1796 entró en Italia y Cerdeña **claudicó**; y en 1797 consiguió la rendición de Austria). Sin embargo, a partir de 1794, una **coalición** contrarrevolucionaria que incluía a Austria, Prusia y Gran Bretaña, obligó a Napoleón a retroceder hasta sus fronteras.

El 9 de noviembre de 1799, Bonaparte dio un golpe de estado y consiguió el poder. Abolió el Directorio y se nombró a sí mismo Primer Cónsul o líder de Francia. Esto suponía el fin de la Revolución Francesa, aunque Napoleón trató de seguir propagando algunos de los principios revolucionarios alrededor de Europa.

> *¿Sabías que...?*
>
> *La intención de cambio durante la Revolución Francesa fue tan grande que, en 1793, durante uno de los periodos de gobierno más radicales, se llegó a cambiar el calendario gregoriano por el calendario republicano francés. Con ello se intentaba establecer un calendario más científico y racional en el que se evitaran las referencias al cristianismo. El calendario consistía en 12 meses. Cada mes contenía 3 semanas (que se llamaban "dècades") de 10 días cada una.*

Vocabulary List

abonaron el terreno (they) paved the way
proclamó (he) proclaimed
tomar forma take shape
talante mood
flexibilizar become flexible
se planta (it) resists
dispersarse disperse
no le quedó más remedio (he) had no choice but to do (something)
cundió el pánico the panic spread
desmantelar dismantle

a ciencia cierta for sure
sin contemplaciones without a second thought
a la defensiva defensively
(el) cambio de rumbo change the course of (something)
no veían con buenos ojos (they) did not have a good impression of (something)
(la) guillotina guillotine
(la) contrarevolución counter-revolution
(el) regicidio regicide
a lo largo y ancho far and wide
afines allied to (something)
se mantuvieron al margen (they) kept out of (something)
(la) autodeterminación self-determination
no tenía buena fama (she) did not have a good reputation
internamente internally
corrió la misma suerte (she) suffered the same fate
discapacitados disabled
confiscaron (they) confiscated
mientras tanto meanwhile
emergió (it) emerged
recaía (it) fell on
claudicó (it) gave up
(la) coalición coalition

4.3 ¿POR QUÉ FUE TAN IMPORTANTE LA REVOLUCIÓN FRANCESA?

- *La Revolución Francesa trajo cambios en todos los ámbitos de la sociedad, desde la economía, al arte, pasando por la fiscalidad, la estructura social, la educación, la religión, el ejército y la cultura.*
- *La influencia de la Revolución francesa se puede apreciar en muchos movimientos revolucionarios, o de liberación y autodeterminación a lo largo de la historia posterior. También tiene influencia sobre los ideales que sostienen organismos internacionales como la ONU.*
- *La Revolución Francesa sentó las bases sobre las que se asientan gran parte de las democracias modernas y dio inicio a la era en la que todavía nos encontramos.*

Los cambios que trajo la Revolución Francesa se pueden ver en casi todos los ámbitos de la sociedad francesa. Además, su influencia ha sido muy importante para impulsar otras revoluciones posteriores. Esa influencia se puede ver con especial fuerza en la Revolución Rusa y en la Revolución Mexicana de Emiliano Zapata y Pancho Villa. Pero también podemos verlo en los movimientos coloniales, y en los movimientos liberales que tuvieron lugar a lo largo del siglo siguiente, tanto en Francia, como en países de su entorno, como España.

De hecho, no estaríamos **desencaminados** si dijéramos

que gran parte de las democracias modernas **asientan sus cimientos** en los principios de la Revolución Francesa. Podríamos decir que cualquier movimiento de autodeterminación, liberación o justicia social es, de una manera u otra, hijo o nieto de la Revolución Francesa. Y hasta algunas de las instituciones internacionales de hoy, como puede ser la ONU, deben mucho a los principios revolucionarios franceses: libertad, igualdad y fraternidad. En este sentido, no podemos olvidar que la Declaración del Hombre y del Ciudadano de 1789 fue un **borrador** muy útil para inspirar la Declaración de Derechos del Hombre de 1948.

La Revolución Francesa cambió el mundo y lo dirigió hacia una nueva era. Esa era nueva es aún la nuestra, y muchos de los cambios que introdujo esta revolución se mantienen hoy. La libertad política y la igualdad ante la ley son las dos banderas de la revolución, pero casi no hubo ningún aspecto del estado que no cambiara. La economía cambió con el fin del feudalismo, y la burguesía se convirtió en la clase dominante y la protagonista de la política. El crecimiento del número de pequeños propietarios y la introducción de un sistema fiscal más **equitativo** son dos buenos ejemplos de ello. Se instauró por primera vez en mucho tiempo un estado **laico**, y —durante un tiempo— se ampliaron libertades como la de culto y de expresión. También se propusieron cambios en cuestiones procesales (es decir, en la forma de funcionar de los tribunales). El ejército también se democratizó, modernizándose y abriendo el acceso a los altos rangos más allá de la aristocracia.

Además, como ya hemos visto, la educación se remodeló para que pudiera llegar a todos, independientemente de la clase social. La cultura también se abrió a las masas (de hecho, durante esta década, nació el concepto de museo público: el Louvre fue uno de ellos). Y en el arte triunfó el neoclasicismo, que **ensalzaba** los ideales de la revolución y sus líderes inspirándose en el estilo y la grandiosidad grecorromana.

En definitiva, los cambios que propuso la Revolución Francesa fueron profundos y duraderos. La historia lo ha demostrado con el paso del tiempo. Lo ha demostrado a pesar de que muchos de sus ideales fueran aplastados tras la revolución por fuerzas más tradicionalistas. Tuvieron que pasar unas cuantas décadas para que los principios revolucionarios franceses se convirtieran de forma definitiva en las bases del estado francés y de otros estados.

> *¿Sabías que…?*
>
> *La guillotina recibe su nombre de Joseph Ignace Guillotin, el secretario de la Asamblea Nacional Constituyente durante el estallido de la revolución. Este hombre propuso un proyecto de reforma para castigar ciertas infracciones con «la misma clase de penas». Por supuesto, hablaba de la pena de muerte. Para agilizar el proceso de ejecución propuso la construcción de un dispositivo mecánico que cortara la cabeza al condenado **en cuestión de segundos**. Así nació la famosa guillotina, uno de los símbolos más sangrientos de la Revolución Francesa.*

Vocabulary List

desencaminados wrong
asientan sus cimientos (they) settle their foundations
(el) borrador draft
equitativo fair
laico secular
ensalzaba (it) extolled
en cuestión de segundos in a matter of seconds

5. LA REVOLUCIÓN RUSA

- *La Revolución Rusa estalló en febrero de 1917, y supuso la caída de la monarquía absolutista del **zar** Nicolás II.*
- *Después de un periodo de caos y anarquía, los **Bolcheviques**, con Lenin al mando, consiguieron el control del gobierno ruso.*
- *Después de la Revolución Rusa, se inició en Rusia una guerra civil entre los partidarios de la revolución y las fuerzas contrarrevolucionarias.*

La Revolución Rusa de 1917 es otro de los grandes acontecimientos revolucionarios de la historia. En compañía de la Revolución Francesa y la Revolución Industrial, la Revolución Rusa forma una trilogía fundamental para explicar la Edad Contemporánea y el mundo en el que vivimos a día de hoy. Además, es, al igual que las dos guerras mundiales, uno de los acontecimientos más importantes del siglo XX.

Esta revolución supuso la caída del poder imperial en Rusia y colocó a los bolcheviques en el poder. Fue el origen del primer sistema comunista del mundo. Y trajo cambios que, todavía hoy, pueden apreciarse tanto en Rusia como en el resto del mundo.

La Revolución Rusa fue un evento que se gestó durante décadas y que estalló durante los años de la Primera Guerra Mundial, en parte por las enormes pérdidas que sufrieron los rusos durante ese periodo. Las razones que llevaron al estallido de una revolución tan profunda y radical como la rusa fueron cosas como: la creciente corrupción dentro del gobierno y la burocracia rusa, la actitud reaccionaria y autoritaria del zar Nicolás II —líder ruso en aquel momento, que fue expulsado del trono y ejecutado junto a su familia durante la revolución—, y la **escasez** (de alimentos, suministro y más) que provocaron todas estas cuestiones y la debilidad **intrínseca** de la economía rusa. La Primera Guerra Mundial fue la gota que colmó el vaso.

Todo ello provocó una insatisfacción y un descontento que, en febrero de 1917, **desembocó** en una serie de importantes revueltas en Petrogrado (la actual San Petersburgo). Nicolás

II **se vio forzado** a abdicar del trono cuando incluso el ejército se puso del lado de los rebeldes.

Esto llevó a la creación de un gobierno provisional, con Georgy Lyov a la cabeza. La intención de este gobierno provisional era continuar con la participación rusa en la Primera Guerra Mundial. Sin embargo, la oposición de ciertos poderosos grupos de trabajadores de Petrogrado (organizados en asambleas comunales llamadas *soviets*), se impuso, y Rusia salió de la guerra.

El movimiento de los *soviets* estaba impulsado por el Partido Socialista Revolucionario, formado por un sector más moderado —los **mencheviques**— y otro sector más radical —los bolcheviques—. El poder de estos *soviets* creció en otras ciudades del país, y los bolcheviques se impusieron gracias al apoyo de las clases urbanas trabajadoras y los soldados del ejército ruso, ambos cada vez más hambrientos y **maltratados**.

La situación se hizo cada vez más caótica. El gobierno provisional se reorganizó varias veces, pero la inestabilidad continuaba. Aleksandr Kerensky se convirtió en la cabeza del gobierno provisional en julio de 1917, y declaró la república en Rusia. Después del intento de golpe de estado militar por parte del líder militar ruso Lavr Kornilov, Kerensky buscó apoyo en los bolcheviques.

Los bolcheviques, por su parte, liderados por Vladimir Lenin, aprovecharon la oportunidad para mejorar su posicionamiento político. En septiembre, estos bolcheviques contaban ya con la mayoría en los *soviets* de Petrogrado y de Moscú, y su popularidad, en medio de un caos y una anarquía creciente, iba en aumento. Este aumento del apoyo llevó a los bolcheviques a dar un golpe de estado en octubre. La estrategia del golpe consistió en ocupar los principales edificios gubernamentales y otros puntos estratégicos para el gobierno y la organización del país. Kerensky trató de organizar una resistencia frente a los bolcheviques, pero no lo logró y tuvo que huir del país. Después del golpe de estado, un congreso de *soviets* se reunió y aprobó la formación de un nuevo gobierno formado en su mayoría por bolcheviques.

La Revolución Rusa supuso, por tanto, el fin de la **dinastía** de los Romanov en Rusia, que había gobernado Rusia durante casi tres siglos. Esto significó una ruptura con el antiguo orden y —después de la guerra civil rusa— trajo un nuevo sistema de economía planificada que ha servido de referencia para las naciones comunistas del mundo desde entonces. La Revolución Rusa, sin embargo, no puso fin a las disputas políticas en Rusia. Poco después de la Revolución, en 1918, el país **se sumió** en una guerra civil que enfrentó a los bolcheviques contra un **conglomerado** de fuerzas conservadoras, nacionalistas y antirrevolucionarias apoyadas por el resto de Europa.

Vocabulary List

(el) zar tsar
(los) Bolcheviques Bolsheviks
(la) escasez shortage
intrínseca intrinsic
desembocó (it) resulted in
se vio forzado (he) had no choice but to do (something)
Mencheviques Mensheviks
maltratados mistreated
(la) dinastía dynasty
se sumió (it) got involved
(el) conglomerado conglomeration

5.1 ¿CÓMO ERA RUSIA ANTES DE LA REVOLUCIÓN?

- *La Revolución Rusa surgió como consecuencia del descontento de la población por una situación cada vez más difícil en el país.*
- *La economía rusa era poco eficiente, lo que generaba desabastecimiento y frecuentes **hambrunas**. Había una estructura anticuada, gran desigualdad social y malas condiciones de vida entre el campesinado y las clases trabajadoras.*
- *Además, el zar mostraba una actitud autoritaria y reaccionaria. Y el ejército —técnicamente anticuado y mal organizado— había cosechado importantes derrotas en la Primera Guerra Mundial.*

La situación en Rusia era difícil desde hacía décadas. Desde varias décadas antes de que estallara la revolución, el descontento ruso había crecido como en una olla a presión que estalló en febrero de 1917.

RUSIA, UN PAÍS ATRASADO

A finales del siglo XIX, cuando el zar Nicolás II consiguió el poder, Rusia era un país **atrasado**. Lo era en el ámbito económico, en el social, en el político y también en el militar.

La economía rusa era bastante frágil. A comienzos del siglo XX, Rusia era aún un país preindustrial en el que predominaba el sector agrícola. La mayoría de la población eran campesinos **analfabetos** que vivían en el campo y trabajaban en los grandes **latifundios** de la aristocracia rusa, de la iglesia y de unos pocos agricultores con buena posición. Los métodos de trabajo y la estructura de la propiedad convertían al sector agrario ruso en un sector tradicional y primitivo. La falta de avances y la incapacidad de los **dirigentes** rusos de reformar el sector provocó la ineficiencia a la hora de producir recursos. Esto generaba frecuentes periodos de escasez y de hambrunas entre la población.

La situación en las ciudades tampoco era mucho mejor. La industrialización llegaba tarde y dependía del capital extranjero y del estado ruso. Esto se explica porque la burguesía rusa era muy débil y la iniciativa privada, por tanto, escasa. Las condiciones en las fábricas eran malas, y los trabajadores solían estar **explotados** y vivir en la miseria. A esto hay que sumarle que la dependencia del capital extranjero provocaba que tenía que pagar abundantes intereses. Estos intereses solían sufragarse aumentando los impuestos a los sectores desfavorecidos. En las ciudades industriales más importantes, la masa de trabajadores comenzaba a ver las desigualdades, y los partidos políticos más radicales empezaban a ser más escuchados.

Una sociedad descompensada

La sociedad rusa también mostraba síntomas de decadencia.

Como ya hemos dicho, el campesinado era el estrato predominante de la sociedad. La miseria en la que vivían gran parte de las familias campesinas contrastaba mucho con el privilegiado estilo de vida de la aristocracia rusa. Esa aristocracia era muy conservadora. De hecho, en muchos casos, conservaba privilegios feudales (que en la gran mayoría del resto de Europa se habían abolido a lo largo del siglo XIX).

Las revoluciones burguesas, como la Revolución Francesa, tuvieron escasa influencia en la sociedad rusa de principios del S. XX. Esto hizo que la burguesía rusa fuera escasa y tuviera poco peso económico y político.

Como Rusia no era todavía un país fuertemente industrializado, la clase media que había crecido en otros países más industrializados de Europa no cuajó en Rusia. Los pocos que había eran profesionales liberales o comerciantes **asentados** en las ciudades, o campesinos **acomodados** en el campo. La mayoría de ellos servían a la enorme burocracia del régimen zarista. Sin embargo, el papel de la clase media fue importante durante la revolución, sobre todo desde el punto de vista ideológico. De ella surgió una minoría intelectual que creó líderes opuestos al zarismo como Vladimir Lenin o León Trotski, que fueron algunos de los líderes más importantes del movimiento bolchevique y de la revolución.

La clase proletaria, nacida del **incipiente** proceso de industrialización, también era escasa. Sin embargo, su papel en la revolución también fue importante. Esta clase estaba muy politizada gracias a la influencia de ideologías como el anarquismo o el marxismo, que habían surgido a lo largo del S. XIX y que **se habían filtrado** a Rusia desde Europa.

Un régimen político autoritario y reaccionario

El imperio ruso era enorme, con más de 22 millones de kilómetros cuadrados, múltiples religiones, lenguas y etnias. Era un lugar difícil de gobernar. Muchas de las minorías étnicas del imperio empezaron a mostrarse cada vez más **reacias** al dominio ruso, especialmente a partir del giro reaccionario del zar a raíz de la Revolución de 1905.

Durante esta revolución, varios sectores de la sociedad rusa, desde trabajadores y campesinos hasta miembros del ejército, se rebelaron en una serie de protestas e insurrecciones en San Petersburgo y, más tarde, en otras zonas del país. Exigían al zar una transformación de la monarquía absolutista, o **autocrática** típica del Antiguo Régimen que era Rusia en ese momento, a una monarquía parlamentaria como las que predominaban en Europa en la época de la revolución.

La revuelta no consiguió **deponer** la autocracia zarista, pero sí que se lograron ciertas concesiones. Muchos de los líderes de esa revolución fueron arrestados y algunas de las protestas se aplacaron con gran violencia (el 9 de enero de 1905, conocido con el nombre de "el domingo sangriento", los soldados del zar disolvieron a **tiros** una manifestación pacífica frente al Palacio de Invierno, mataron a unos 200 manifestantes e hirieron a más de 800). Sí que se lograron, sin embargo, algunas reformas. El gobierno imperial se vio obligado a aprobar las Leyes Fundamentales de 1906 (que funcionaban como una especie de Constitución), y a crear la Duma (que era una especie de Parlamento). Cuando el zar empezó a disolver a su antojo este órgano a lo largo de los años siguientes, la insatisfacción empezó a extenderse. Esto, unido a la falta de libertades políticas, a la dura represión, y a la persecución de **disidentes** y opositores al régimen zarista (muchos de ellos eran encarcelados, deportados a Siberia o, incluso, ejecutados), **hizo añicos** la popularidad del zar y aumentó el recelo contra él y su gobierno.

Un ejército de otra época

El ejército ruso tampoco se quedaba al margen del atraso generalizado del país. Rusia era considerada una potencia militar en esa época, especialmente por el número de hombres que formaban el ejército. Sin embargo, a nivel técnico y organizativo, el ejército ruso **dejaba mucho que desear,** y estaba muy por detrás de otras potencias de la época. Esto se puso de manifiesto en varias ocasiones durante el siglo XIX y el siglo XX. La Guerra de Crimea (1853-1856) y la Guerra Ruso-Japonesa (1904-1905) son dos buenos ejemplos.

Sin embargo, la gota que colmó el vaso fue la Primera Guerra Mundial (1914-1918). Aunque el papel de Rusia fue decisivo en el **frente** oriental, el ejército ruso sufrió enormes pérdidas y tuvo importantes problemas de liderazgo, abastecimientos y suministro (tanto es así que muchos soldados rusos que iban al frente no tenían rifles para luchar). La población rusa no respondió a la participación en la guerra con entusiasmo, y cuando los malos resultados empezaron a llegar, la tensión y el descontento crecieron rápidamente hasta hacerse insostenible.

> *¿Sabías que…?*
>
> *En verano de 1915 el zar en persona se dirigió al frente para ponerse al mando directo de sus tropas. Cuando lo hizo, dejó a su esposa, Alejandra Fiódorovna Románova, al mando del gobierno. La zarina, sin embargo, no era muy popular entre el pueblo ruso, y su gestión contribuyó a aumentar aún más el descontento de la población. La gestión de la zarina durante este tiempo fue poco consistente. Cambiaba los cargos importantes de gobierno de forma **caprichosa** y predominaba la inestabilidad. Además, **acogió** como consejero a un personaje poco convencional que también generaba recelo; su nombre era Rasputín. Se alzaron rumores de que la desastrosa situación en el frente se debía a que Alejandra Fiódorovna —conocida coloquialmente con el nombre de "la alemana" por su origen—, desvelaba secretamente los movimientos del ejército ruso al Kaiser. A esto se le unió la gran influencia que ejercía Rasputín sobre la zarina que, según se contaba, era quien decidía realmente sobre los asuntos importantes. Nada de esto **gustaba lo más mínimo**. El rechazo a Rasputín creció tanto que fue asesinado a finales de 1916. La zarina fue ejecutada junto con el zar y resto de su familia menos de dos años después.*

Vocabulary List

(las) hambrunas famines
atrasado backwards
analfabetos illiterate
(los) latifundios latifundiums
(los) dirigentes leaders
explotados (they) were exploited
descompensada unbalanced
asentados established
acomodados well-to-do
incipiente emerging
se habían filtrado (they) had spread out
reacias unwilling
autocrática autocratic
deponer depose
(los) tiros gunshots
(los) disidentes dissidents
hizo añicos (it) tore apart
dejaba mucho que desear (it) left a lot to be desired
(el) frente front
caprichosa capricious
acogió (she) accepted
gustaba lo más mínimo did not like at all

5.2 LOS MESES MÁS CONVULSOS DE LA REVOLUCIÓN RUSA

- *La Revolución Rusa se puede dividir en dos grandes etapas: la revolución popular de febrero de 1917, que provocó la caída del zar Nicolás II; y la revolución bolchevique de octubre de 1917, que llevó a los bolcheviques al poder.*
- *La Revolución Rusa provocó la salida de Rusia de la Primera Guerra Mundial a través del Tratado de Brest-Litovsk. Las condiciones de este tratado de paz eran muy duras para Rusia y generaron un importante rechazo en el país.*
- *Cuando los bolcheviques —con Lenin al frente— alcanzaron el poder, rechazaron seguir las reglas democráticas e instauraron una política de represión frente a sus enemigos internos.*

Las desgracias nunca vienen solas. Eso debió pensar el zar Nicolás II durante los meses anteriores al estallido de la revolución. Pongámonos en situación. Estamos en el invierno de 1917, en Petrogrado, cerca de la frontera alemana. La guerra se huele a lo lejos. La ciudad es un **hervidero** de soldados y trabajadores hambrientos que tienen que vivir la miseria de su día a día al lado de los lujosos palacios y la **altanería** de las personas que tienen el poder.

La situación en la **retaguardia** rusa es un desastre. El frente se come los pocos recursos que el país produce. Los suministros llegan con cada vez más retraso y los precios son cada vez más altos porque el gobierno ruso no para de imprimir billetes para financiar la guerra. A esto se le suma una ola de frío polar que paraliza un sistema ferroviario que ya estaba colapsado.

La ciudad está al límite. La ira y la desesperación, **a punto de** desbordar. Solo hace falta una chispa para que la revolución estalle.

FEBRERO DE 1917: TODO ESTALLA

Es 23 de febrero, Día Internacional de la Mujer. En la avenida principal de Petrogrado unas 7,000 obreras avanzan gritando: «¡Pan!, ¡pan!, ¡pan!». Una multitud de hombres y mujeres más que exigen lo mismo se unen a ellas. Las tropas zaristas —conocidas con el nombre de *cosacos*— deciden no intervenir todavía para disolver la manifestación. Esto hace que miles de obreros más se unan a la marcha. Sus gritos mientras caminan a la Duma **suben de tono**: «¡Abajo el zar!, ¡abajo la autocracia!». Este primer levantamiento se salda sin incidentes, pero es la chispa que encenderá el fuego de la revolución.

Al día siguiente miles de obreros más se unen a las protestas en sus fábricas. Y el día 25, se convoca una huelga general que invade toda la ciudad. La tensión empieza a crecer. Los militares empiezan a ocupar la ciudad y algunos incluso se enfrentan a la policía. Entonces ocurre algo que va a convertir la revuelta en una auténtica revolución: los soldados de dos regimientos de la Guardia Imperial **se amotinan** y se unen a los manifestantes. Nicolás II, que está fuera de la capital, aún **no es consciente de lo que va a ocurrir.**

Dos días más tarde, la enfurecida multitud ha asaltado el Ministerio del Interior y la **sede** de la Ojrana (el cuerpo de policía secreta del régimen zarista). Al acabar el día, en la residencia oficial de los zares, el Palacio de Invierno, las banderas que **ondean** son rojas. La dinastía Romanov está a punto de poner fin a más de tres siglos de reinado.

UNA RUSIA SIN ZARES

A principios de marzo, Nicolás II abdica. Renuncia tanto a su trono como al de su heredero, su hijo mayor Alekséi. Su hijo menor, el gran duque Miguel, se convierte así en legítimo heredero, pero él también rechaza el trono.

El zar seguramente se sintió liberado cuando dejó el poder. Pensó que podría retirarse a una vida tranquila junto a su familia en Tsárskoye Seló, la residencia de campo de los zares; o quizás exiliarse con su primo Jorge V a Reino Unido. Sin embargo, ninguna de las dos cosas ocurrió.

Poco más de un año después de su abdicación, Nicolás II y su familia fueron mandados a Tobolsk y de ahí a Ekaterimburgo, ambos en Siberia. Leon Trostki, otro de los principales líderes revolucionarios, quería mandarlos a Moscú para que fueran juzgados por sus crímenes contra el pueblo. Pero eso tampoco ocurrió. **Por el contrario**, la noche del 17 de julio, un grupo de 13 **tiradores** de la *Cheka* (una organización creada por Lenin de la que hablaremos más adelante), asesinó a tiros a la familia Romanov al completo en el sótano de la casa donde se alojaban.

GOBIERNO PROVISIONAL Y *SOVIETS*

Tras la abdicación del zar, el gobierno quedó oficialmente al mando de un Gobierno Provisional, presidido por el príncipe Lvov, un aristócrata ruso de signo liberal. Sin embargo, este solo estuvo en el poder cuatro meses. De hecho, algunos cronistas de la época defienden que el poder real de gobierno después de la caída del zar nunca estuvo en manos del Gobierno Provisional (este, en cualquiera de los casos, tuvo que **operar** en un clima de caos y anarquía considerable). Para estos cronistas, eran los comités de representantes de trabajadores y soldados —conocidos como *soviets*—, los que, **a fin de cuentas**, decidían lo que se hacía y lo que no.

En estos *soviets*, al principio, convivían mencheviques[14] y bolcheviques[15]. En esos principios, los bolcheviques eran minoritarios en los órganos ejecutivos de los *soviets*.

---

[14] Los mencheviques eran un sector socialista revolucionario más moderado que defendía la creación de un partido de masas que conquistara el poder con el voto, y generar una transición revolucionaria, del feudalismo al capitalismo y, por último, al socialismo.
[15] Los bolcheviques eran el sector revolucionario que planeaba un paso más radical en la revolución. Consideraban que era necesario pasar directamente al socialismo.

De hecho, es Aleksandr Kerensky, un líder menchevique miembro del soviet de Petrogrado, el elegido por el Gobierno Provisional para asumir la cartera de Justicia mientras Lvov trata de organizar las elecciones para una asamblea constituyente. Meses más tarde, el propio Kerensky sustituirá a Lvov al frente del gobierno oficial ruso.

LOS LÍDERES DE LA REVOLUCIÓN REGRESAN A CASA

La Revolución Rusa **había pillado** a sus propios líderes e ideólogos de viaje. Parece paradójico, pero eso fue exactamente lo que ocurrió. Muchos de los nombres que habían defendido con mayor vehemencia la revolución y el cambio de régimen en Rusia se encontraban durante este tiempo a miles de kilómetros del epicentro del cambio. Uno de ellos era Vladímir Ilich Uliánov, más conocido con el nombre de Lenin: el líder de los bolcheviques.

En febrero de 1917, Lenin se encontraba en Suiza, en Zurich. Tanto los alemanes como los británicos y franceses sabían que se trataba de un personaje importante que podía cambiar el rumbo de Rusia —y con ello de la guerra que se estaba librando en ese momento en Europa—. Lenin, por su parte, entendió que Alemania también podía servir a sus intereses. Tanto Lenin como el gobierno alemán utilizaron mutuamente armas para lograr sus objetivos. Los alemanes permitieron a Lenin llegar a Rusia para liderar a los bolcheviques en su ascenso al poder. Lenin, a cambio, despejó el frente oriental para los alemanes sacando a Rusia de la guerra.

En marzo de 1917, Rusia parecía otro lugar. En pocas semanas, había pasado de ser un régimen autocrático a ser un país que se había liberado y estaba **encaminado** a la utopía de la libertad. El gobierno de Lvov había aprobado varias medidas que garantizaban la libertad de reunión, de prensa, de expresión… A finales de mes, los habitantes de Petrogrado se reunieron para **homenajear** a los caídos durante la revolución. Entre la multitud había obreros, soldados y burgueses, todos estaban unidos por una causa común.

Sin embargo, este **idilio** no duró mucho. Los campesinos y los obreros no buscaban simples reformas, sino una verdadera revolución social. Y lo cierto era que sus asambleas —los *soviets*— mandaban incluso más que el Gobierno Provisional. El líder de todo ese movimiento en favor del proletariado era precisamente Lenin, un líder con las ideas muy claras. Para algunos, su forma de actuar era **intransigente**, no admitía acuerdos con la burguesía, ni tampoco con socialistas que no pensaran como él. Esto, poco a poco, creó más y más distancia entre los bolcheviques y el resto de facciones revolucionarias (entre ellas los mencheviques y los eseristas[16]).

---

[16] Los **eseristas** eran partidarios de un Partido Social Revolucionario que quería centrar sus esfuerzos en **expropiar** las tierras de los terratenientes y entregárselas a los campesinos.

CAOS Y ANARQUÍA EN LA NUEVA REPÚBLICA

El camino de la utopía empezó a **torcerse**. La vida empezó a **encarecerse** y la situación política se hizo cada vez más inestable. Una de las principales causas, además de las diferencias entre las facciones revolucionarias, era el descontento cada vez mayor en el ejército.

Debemos recordar que cuando llegó el verano de 1917, Rusia seguía **metida de lleno** en el conflicto europeo. El Gobierno Provisional y el zar tenían solo una cosa en común, y era precisamente esa: Rusia debía seguir en guerra contra Alemania. Pero la realidad es que, cada día, cientos de soldados desertaban del frente, y muchos de ellos aprovechaban para unirse a la revolución.

Cuando Kerensky sustituyó a Lvov el 7 de julio, Gran Bretaña y Francia estaban de enhorabuena, porque esa era la opción que les garantizaba una ofensiva contra los alemanes en el frente oriental. Sin embargo, esa ofensiva —que estaba comandada por el general Alekséi Brusílov— fue un auténtico fracaso. Lenin aprovechó la ocasión y el descontento de los soldados para tratar de conseguir el poder. Sin embargo, Kerensky logró detener el intento de golpe de estado. Lenin se vio obligado a escapar de nuevo, esta vez a Finlandia.

Después del fracaso de Brusílov, Kerensky nombró como su sucesor al mando del ejército al general Lavr Kornílov. Sin embargo, esto no fue una buena idea para los intereses de Kerensky. Poco después de su nombramiento,

Kornílov trató de imponer la ley marcial y dar otro golpe de Estado. Kerensky, que al principio aceptaba muchas de las medidas de Kornílov, al final se arrepintió y pidió ayuda a los bolcheviques —muchos de ellos encarcelados— para **hacer frente** a las fuerzas del general. El golpe de estado consiguió frustrarse, y Kornilov y otros 30 oficiales fueron encarcelados (precisamente estos "kornilovistas" se convirtieron en los fundadores del futuro Ejército Blanco, que se enfrentó al Ejército Rojo de los bolcheviques durante la guerra civil rusa).

LOS BOLCHEVIQUES CONSIGUEN EL PODER

Parecía que Kerensky había salvado el **jaque** del golpe de estado por segunda vez. Pero a **la tercera fue la vencida**. El **jaque mate** vino, precisamente, de los que habían sido sus aliados frente a Kornílov: los bolcheviques.

La noche del 24 de octubre los bolcheviques tomaron varios puntos estratégicos de Petrogrado con la ayuda del Comité Militar Revolucionario —un órgano liderado por Trotski que tenía la misión de, precisamente, impedir una contrarrevolución—. Lenin había regresado de **incógnito** de Finlandia varios días antes, y pronto se puso al frente de la sublevación.

La madrugada del 25 de octubre tuvo lugar el famoso asalto al Palacio de Invierno, sede del Gobierno Provisional. Ese mismo día se había convocado el Congreso de los *soviets* (que era el principal órgano de toma de decisiones de los *soviets*). Mientras esa sesión ocurría, la insurrección estaba en marcha, y el poder estaba cambiando de manos *de facto*.

A la mañana siguiente al asalto del Palacio de Invierno, habían detenido a los ministros del gobierno de Kerensky. Los 670 delegados del Congreso de los *soviets* decidieron formar un gobierno apoyado en los partidos que formaban parte de ese órgano. Pero los mencheviques y eseristas que formaban parte del órgano se marcharon **en señal de** protesta por el golpe de estado bolchevique. Los bolcheviques ya tenían **vía libre** para monopolizar el poder.

LA DEMOCRACIA: UN ESPEJISMO

Los bolcheviques tenían una posición fuerte en Petrogrado, la capital, pero no ocurría lo mismo en otros lugares. De hecho, la oposición entre algunos sectores de la sociedad era importante. En Moscú, por ejemplo, la resistencia a los bolcheviques fue dura. Los hombres de Lenin tardaron diez días en conseguir el control de la ciudad.

Para **apuntalar** su poder político, Lenin creó el Consejo de Comisarios del Pueblo. Este órgano quitó el poder de decisión a los *soviets,* y le dio a los bolcheviques la capacidad de legislar sin el **freno** parlamentario de las otras facciones socialistas.

A pesar de todos estos movimientos, a finales de noviembre de 1917 se celebraron las elecciones a la Asamblea Constituyente. Eran unas elecciones que había convocado el gobierno provisional antes del golpe de estado bolchevique.

En estas elecciones, los socialistas revolucionarios recibieron más votos que los bolcheviques. Pero Lenin no tenía pensado ceder ya el poder. Los bolcheviques **clausuraron** la Asamblea el mismo día de su apertura.

UNA PAZ DESHONROSA

Lenin sabía que para poder hacer frente a los problemas internos, lo primero que había que hacer era firmar la paz con Alemania y salir de la Primera Guerra Mundial. Para hacerlo tuvo que firmar una paz que muchos —incluidos muchos bolcheviques— consideraron una paz vergonzosa.

Era el tratado de Brest-Litovsk, que contenía términos muy duros para Rusia. Entre otras cosas, Rusia perdía Polonia, Finlandia, Estonia, Letonia, Lituania y Ucrania (lo que suponía perder el 34% de su población, el 54% de sus fábricas y el 89% de sus minas de carbón). Las condiciones eran tan humillantes que el propio Trotski, encargado de las negociaciones, trató de ganar tiempo para evitarla mientras se fortalecían los sectores revolucionarios en el resto de los países. Finalmente se firmó el 18 de febrero de 1918.

DE LA UTOPÍA AL TERROR

La paz había sido deshonrosa, pero permitía salvar la revolución que se estaba gestando, y a Lenin consolidar su poder dentro de Rusia y ocuparse de sus enemigos internos. En diciembre de 1917, se creó la Comisión Extraordinaria Panrusa para la Lucha contra la Contrarrevolución y el Sabotaje (más conocida con el nombre de *Cheka*), que jugó un papel importante en este sentido. Esta organización

paramilitar de inteligencia fue el antecedente de la KGB, la agencia de policía secreta de la Unión Soviética. La *Cheka* se encargó, como ya hemos visto, de asesinar **a sangre fría** a la familia real al completo.

Pero no fue su única tarea. La *Cheka* fue protagonista —con otras instancias bolcheviques— de la época conocida como el Terror Rojo. Este periodo empezó a tomar forma en septiembre de 1918, después de un intento de asesinato de Lenin a manos de una opositora eserista, Fanny Kaplan. Ella fue ejecutada sin juicio, pero no fue la única opositora que sufrió las consecuencias de la nueva política de Lenin. Miles de eseristas y otros enemigos de la causa bolchevique (burgueses, aristócratas, mencheviques, etc.) fueron arrestados.

Pero el Terror Rojo no era el único terror del momento. Las fuerzas contrarrevolucionarias empezaron a instaurar su propia política represiva y violenta contra sus enemigos: el Terror Blanco. La guerra civil rusa estaba a punto de estallar.

¿Sabías que...?

En la época de la Revolución, en Rusia, se usaba otro calendario (el calendario juliano). Este calendario llevaba un mes de diferencia con el calendario actual (el calendario gregoriano). Esto quiere decir que cuando decimos que la Revolución Rusa tuvo lugar en febrero y en octubre de 1917, en nuestro calendario las fechas serían realmente en marzo y en noviembre de 1917. En febrero de 1918, Rusia pasó del calendario juliano al calendario gregoriano.

Vocabulary List

las desgracias nunca vienen solas it never rains but it pours
(el) hervidero hive
(la) altanería arrogance
(la) retaguardia rearguard
a punto de (they) were poised to do (something)
suben de tono (they) heat up
se amotinan (they) rebel
no es consciente de (he) is not aware of (something)
(la) sede headquarters
ondean (they) flutter
por el contrario on the contrary
(los) tiradores shooters
operar operate
a fin de cuentas at the end of the day
había pillado (it) had caught
encaminado aimed
homenajear pay tribute to
(el) idilio idyll
instransigente inflexible
torcerse get messed up
encarecerse become expensive
metida de lleno immersed
hacer frente stand up to (someone)
expropiar expropriate
(el) jaque put (something) in check
la tercera fue la vencida third time's a charm
(el) jaque mate checkmate
de incógnito incognito
en señal de as a sign of
vía libre permission
apuntalar strengthen
(el) freno restrain
clausuraron (they) closed
paramilitar paramilitary
a sangre fría in cold blood

5.3 LA REVOLUCIÓN RUSA FUE SOLO EL PRINCIPIO

- *La Revolución Rusa significó una ruptura contra todo aquello que representase autoridad en Rusia.*
- *Los primeros meses tras la revolución fueron un escenario de amplias libertades sociales y políticas en Rusia, aunque con el paso de los meses quedó claro que la autoridad que tanto se rechazaba no se había disuelto, sino que solamente estaba cambiando de manos.*
- *La Revolución desencadenó una Guerra Civil larga y sangrienta. Tras la guerra se creó la URSS y se instauró el primer sistema comunista del mundo. Los ideales de este sistema siguen siendo la principal alternativa al capitalismo.*

La Revolución Rusa se puede ver como una sola revolución o como una multitud de revoluciones. ¿Por qué decimos esto? Porque la Revolución Rusa no rechazó solo un sistema, sino todo aquello que representaba una autoridad: desde el estado y la monarquía, hasta los padres y maridos de mentalidad patriarcal, pasando por jueces, policías, cargos públicos, profesores, terratenientes y cualquiera que ostentara un puesto de poder. El pueblo ruso se rebeló contra todo ello y —al menos durante un corto periodo de tiempo— **hizo trizas** todo lo que representase una autoridad.

La Revolución provocó la caída de más de 300 años de poder absolutista autocrático, y planteó la posibilidad de un estado con más libertades que ningún otro en la época. En unas pocas semanas, Rusia vivió una transformación que, normalmente, suele llevar décadas. Pasó de ser un país anticuado y **retrógrado**, a ser **la punta de lanza** en teoría política. El país se convirtió en un verdadero experimento. En un recipiente para emprender ideas que nunca se habían puesto en práctica. Áreas como la educación y la alfabetización dieron un salto tremendo durante esta época. Sobre la base de la gratuidad, la obligatoriedad y la laicidad, la educación se extendió desde cerca de 38,400 escuelas en 1917 a más de 62,200 en 1919.

Pero como ocurre en muchos experimentos, los resultados fueron dispares. Con el tiempo, muchas cosas fueron tomando un rumbo que pocos esperaban al estallar las primeras revueltas. El poder y la autoridad que tanto rechazo habían generado, como hemos visto que ocurre después de muchas de las revoluciones de las que hemos hablado, simplemente cambió de manos. Los opresores pasaron al bando de los oprimidos por una nueva clase política que **se adueñó** del poder.

La Revolución Rusa provocó la salida de Rusia de una guerra mundial, pero le hizo entrar en una larga y sangrienta guerra civil que se prolongó desde 1917 hasta 1921 (aunque años más tarde siguieron los enfrentamientos entre simpatizantes de ambos bandos). La guerra enfrentó a los bolcheviques y a los contrarrevolucionarios, formados por sectores tradicionalistas, nacionalistas y pro-monárquicos apoyados por tropas internacionales. Rojos contra blancos. El conflicto terminó con la victoria bolchevique.

Muchos de los revolucionarios rusos basaron sus ideologías en el marxismo, que, en esencia, proponía el control de los medios de producción por parte del estado. Esto revela que la revolución rusa no fue una revolución burguesa, como la Revolución Francesa, sino una revolución proletaria, dirigida principalmente por obreros y campesinos (además de soldados). Entendemos así también que, después del fin de la guerra civil rusa, se instauró un régimen político de partido único basado en la planificación central por parte del estado. El nombre que se le dio a este nuevo estado fue Unión de Repúblicas Socialistas Soviéticas (URSS). Fue el primer sistema económico comunista del mundo.

La Revolución Rusa —y la posterior creación de la URSS— generó una gran convulsión política alrededor del mundo. Esta revolución, unida a la difícil situación que estaba generando la Segunda Guerra Mundial, hizo que se extendieran alrededor de Europa una serie de protestas que, en algunos casos, no estuvieron lejos de convertirse en auténticas revoluciones. En países como Alemania, Francia, Italia, o Austria-Hungría se vivieron situaciones especialmente tensas. La preocupación por la expansión de la revolución socialista llegó a ser muy grande durante esos días en muchas de estas naciones. Además, la aparición del sistema comunista ha servido —y sigue sirviendo— como principal alternativa al otro gran sistema del mundo: el capitalismo. Muchos partidos y sindicatos del mundo basan parte de sus programas y sus iniciativas en los ideales que, por primera vez, se defendieron durante la revolución rusa.

Por último, la revolución rusa tuvo una gran influencia en otros movimientos revolucionarios importantes del S. XX, como la Revolución China o la Revolución Cubana. Hablaremos de ellas en más detalle en próximos capítulos.

Aunque la Revolución Rusa rompió con los **patrones** que habían conducido al país durante siglos, lo que vino después no fue precisamente el sistema basado en la libertad que se perseguía. Después de la muerte de Lenin, Josef Stalin convirtió a la URSS en un estado totalitario controlado por el Partido Comunista de la Unión Soviética (PCUS). Su brutal purga contra toda persona que fuera considerado opositor a su régimen hizo que la URSS se convirtiera en un país muy diferente al que se visualizaba en base a los principios revolucionarios.

> *¿Sabías que…?*
>
> *Josef Stalin, fue líder de la Unión Soviética desde la muerte de Lenin en 1924, hasta su propia muerte en 1953. Durante la Revolución Rusa, fue un militante activo de la facción bolchevique. Su lealtad a Lenin le hizo subir escalones en la burocracia del partido, que más tarde se rebautizó como Partido Comunista. Aunque Lenin prefería que su sucesor fuese Trotski, Stalin logró maniobrar para conseguir el poder. Tras lograrlo, Stalin comenzó una persecución **sin cuartel** contra los trotskistas. El propio Trotski tuvo que exiliarse en 1929, y al final fue asesinado por órdenes de Stalin en 1940. Muchos otros altos cargos de diferente signo político que podían **hacer sombra** a Stalin corrieron la misma suerte.*
>
> •

Vocabulary List

desencadenó (it) caused
hizo trizas (it) broke in pieces
retrógado antiquated
la punta de lanza spearhead
se adueñó (they) took control of
(los) patrones patterns
sin cuartel to the death
hacer sombra outshine

6. LA REVOLUCIÓN CUBANA

- *La Revolución Cubana fue un movimiento revolucionario que derrocó el gobierno liberal de Fulgencio Batista y alzó a Fidel Castro al poder.*
- *Tuvo lugar en 1959, después de una serie de insurrecciones armadas.*
- *La Unión Soviética jugó un papel importante en apoyo a la revolución en el contexto de la Guerra Fría.*

La Revolución Cubana fue uno de los eventos más importantes de la historia reciente del continente latinoamericano. Tuvo lugar a finales de la década de los 50, cuando un grupo de jóvenes de clase media, con Fidel Castro a la cabeza, tomaron el poder de la mayor isla del Caribe. Lo hicieron derrocando al anterior líder, Fulgencio Batista, el primer día del año 1959.

Desde ese momento hasta la actualidad, los Castro (Fidel hasta el 2008, y su hermano Raúl) han llevado las riendas de un atípico modelo político que acumula elogios y críticas alrededor del mundo. Por un lado, están los que celebran los logros sociales y la resistencia frente al capitalismo norteamericano que representó la revolución cubana. Por otro, están los que critican el régimen impuesto por los Castro por su falta de respeto hacia los derechos fundamentales y las libertades básicas. Probablemente ambas partes tengan parte de razón, aunque la situación actual de Cuba es un ejemplo más (como tantos otros en este libro y a lo largo de la historia) de lo mal que envejecen las revoluciones.

La Revolución Cubana contó con el apoyo de la Unión Soviética. Esta es una de las razones que explican por qué, después de derrocar al líder pro-americano anterior (Fulgencio Batista), Cuba **viró** hacia el comunismo. Todo ello ocurrió en un contexto internacional muy particular, el de la Guerra Fría. Era un contexto bipolar que contribuyó a que la Revolución Cubana se convirtiera en un símbolo de lucha antiimperialista, anticapitalista y de autodeterminación de los pueblos.

La Revolución Cubana comenzó con una serie de levantamientos armados y guerrillas rebeldes, y acabó con la instauración de un gobierno revolucionario liderado por Fidel Castro. Ese gobierno terminó degenerando en una dictadura que, a día de hoy, continúa en el país caribeño.

Vocabulary list
viró (it) turned

6.1 PRELUDIO DE LA REVOLUCIÓN CUBANA

- *A lo largo del siglo XX, Cuba fue una isla marcada por la inestabilidad política y la influencia estadounidense.*
- *En los años 30, entró en escena Fulgencio Batista, un militar que se hizo con el poder de la isla y gobernó utilizando medidas dictatoriales.*
- *A mediados de la década de los 50 empezó a surgir una importante oposición frente a Batista. Uno de los principales líderes rebeldes que trataron de alzarse contra el poder de Batista fue Fidel Castro.*

La primera pregunta que vamos a responder para entender el contexto en el que ocurrió la Revolución Cubana es: ¿cómo era Cuba antes de la revolución?

UNA ISLA DE CONTRASTES

A finales de la década de los 50 Cuba era un país lleno de contrastes. Situada en el mar Caribe, muy cerca del gigante norteamericano (Estados Unidos), la isla **oscilaba** entre un enorme contraste social.

Por un lado, era la isla de los casinos, el licor y las prostitutas. La isla del tabaco y el ron. Un lugar al que acudían muchos hombres de negocios norteamericanos —algunos de ellos hombres de negocios **turbios**— para disfrutar de los placeres del paraíso vecino. Para ellos y para una minoría de la sociedad cubana, la isla era un oasis de lujo y placeres. Una nación pequeña y pobre que se había subido al carro del impulso norteamericano y que crecía impulsada por la riqueza de unos pocos. Era, en ese momento, el país latinoamericano con más coches, salas de cine y televisores del continente.

Pero detrás del brillo de esa incipiente prosperidad, encontrábamos la otra cara de Cuba. Un país con mucha pobreza en el que las clases poco privilegiadas vivían en la miseria. El apoyo de estas clases desfavorecidas fue clave para el triunfo de la revolución de los Castro.

CONTEXTO POLÍTICO

Cuba fue una colonia española hasta la Guerra Hispano Americana de 1898. Después de la derrota española, el país pasó a manos de Estados Unidos. Con este cambio, más cubanos pudieron ocupar cargos públicos, y hubo avances en obras públicas, saneamiento y educación.

Los comienzos de la nueva república cubana

En 1901, Cuba aprobó una constitución que puso fin al gobierno de la administración militar estadounidense. Sin embargo, esa constitución contenía una serie de provisiones que mantenían la influencia de Estados Unidos en diversos aspectos políticos, socioeconómicos y militares.

El primer presidente de la nueva república fue Tomás Estrada Palma. Durante su mandato, la prosperidad llegó a ciertos sectores sociales de la isla, sobre todo a los que se beneficiaban de los acuerdos comerciales (por ejemplo en relación al comercio de azúcar) con Estados Unidos. A pesar de intentar —sin éxito— introducir algunas reformas progresistas, la oposición y ciertos sectores descontentos de la sociedad cubana alentaron una insurrección en 1906 que puso en jaque al gobierno de Estrada. Estrada acudió a Estados Unidos para que **mediara** en la revuelta. La mediación fracasó, lo que llevó a Theodore Roosevelt, el presidente americano, a nombrar a su secretario de guerra gobernador de la isla. La administración y las tropas estadounidenses se mantuvieron en la isla hasta que la situación política se estabilizó y los rebeldes se dispersaron. Esto no ocurrió hasta principios de 1909.

Durante las décadas siguientes, la inestabilidad continuó, y la corrupción **se hizo patente**. Estados Unidos volvió a intervenir en el país varias veces. La corrupción y la violencia que solía acompañar a las crisis de gobierno y los periodos de elecciones contrastaban con un aumento de la prosperidad material en la isla. En la década de 1920, una gran crisis financiera **azotó** Cuba. Estados Unidos prestó 50 billones de dólares al gobierno cubano, pero la corrupción y la inestabilidad política seguían produciendo revueltas e insurrecciones.

En mayo de 1925 llegó al poder Gerardo Machado y Morales, que se convirtió en poco tiempo en el primer dictador de Cuba. Machado suprimió las libertades individuales y políticas en la isla a través de la ley marcial. Esto, unido a las dificultades económicas que atravesaba el país a comienzos de los años 30, hizo que la oposición frente a Machado creciera. Estados Unidos volvió a mediar para intentar calmar las aguas pero la mediación de la superpotencia americana no evitó que en 1933 el ejército cubano obligara a Machado a huir del país.

Fulgencio Batista, un dictador con mala fama

Durante los tiempos de la caída de Machado, hubo un sargento del ejército cubano que empezó a acaparar más y más poder. Su nombre era Fulgencio Batista. A lo largo del resto de la década de los 30, Batista lideró el país apoyándose en varios presidentes que él mismo nombraba y deponía.

Bajo el mandato de uno de esos presidentes, Carlos Mendieta, se firmó un tratado con Estados Unidos que derogaba las provisiones de la constitución que mantenían la influencia de Estados Unidos sobre la isla.

A pesar de ello, la inestabilidad política y social seguía azotando a Cuba. Durante los siguientes años se sucedieron varios presidentes más. En 1940, el propio Batista se presentó a las elecciones y se alzó con la victoria. Durante su mandato Cuba entró en la Segunda Guerra Mundial del lado de los aliados, y comenzó a **entablar** relaciones diplomáticas con la Unión Soviética.

En las elecciones de 1944, Carlos Saladrigas y Zayas, el candidato elegido por Batista, perdió las elecciones.

Ante esta situación Batista decidió abandonar el país. En 1952, Batista volvió a presentarse a las elecciones, pero anticipando su derrota, derrocó al gobierno y, dos años más tarde, cerró el congreso y convocó elecciones. En febrero de 1955 Batista fue nombrado presidente después de unas elecciones en las que no tuvo oposición y se puso, una vez más, al frente del país.

Fidel Castro entra en escena

El descontento contra Batista había empezado a crecer cada vez más desde su elección en el 55. A pesar de sus intentos de devolver al país a la normalidad a través de medidas liberales, varios sectores del país se pusieron en su contra. Uno de esos sectores fue el de la poderosa industria agrícola del país. La principal razón para ello fue que las exportaciones de azúcar del país estaban cayendo a causa de una serie de medidas proteccionistas impuestas por Estados Unidos para proteger a sus productores domésticos.

En este contexto, la mecha revolucionaria volvió a encenderse y empezaron a surgir focos de oposición frente a Batista en las diferentes provincias. Estas facciones opositoras no reconocían el resultado de las elecciones de 1955. Uno de los principales líderes de una de estas facciones era Fidel Castro, un abogado que había sido candidato de un partido opositor durante las elecciones de 1952.

En julio de 1953, Castro y sus seguidores habían intentado iniciar un movimiento de insurrección en Santiago. Sin embargo, el intento fue un fracaso. Muchos de los rebeldes murieron y tanto Fidel como su hermano Raúl fueron encarcelados. En 1955 hubo una amnistía política que permitió a los Castro salir de la cárcel. Fidel se exilió entonces a México, donde empezó a organizar una fuerza rebelde con exiliados cubanos para tomar el control de la isla.

> *¿Sabías que…?*
>
> *Pocos días después del levantamiento de julio de 1953, Fidel Castro fue capturado por el ejército. Las órdenes eran matar al líder rebelde, pero el sargento que se encargó de la operación de captura, de nombre Pedro Sarría, se negó a cumplir con las órdenes de sus superiores. Las crónicas de la época cuentan que el sargento Sarría, al encontrar a Castro gritó a sus soldados: «¡No disparen! ¡No disparen! ¡Las ideas no se matan!».*

Vocabulary list

oscilaba (it) oscillated
turbios shady
mediara (it) would mediate
se hizo patente (it) became patently clear
azotó (it) devastated
entablar strike up

6.2 UNA PEQUEÑA GRAN REVOLUCIÓN

- *El inicio de la revolución cubana se produjo después de la llegada de los Castro a Cuba en 1956. Su organización llevó el nombre "Movimiento 26 de julio".*
- *Castro proclamó la victoria de la revolución a principios del año 1959. Las fuerzas rebeldes entraron en La Habana sin apenas oposición y formaron un gobierno provisional en el que Castro fue nombrado Primer Ministro.*
- *Castro logró mantenerse en el poder durante casi 5 décadas a través de una feroz persecución de opositores, una alianza estratégica con la Unión Soviética y una habilidad dialéctica y política que le permitió acercar su discurso a las masas a medida que se deshacía de sus oponentes.*

A pesar del tamaño de la isla donde tuvo lugar, la revolución cubana fue un acontecimiento muy importante en la historia moderna. Sus efectos aún pueden apreciarse en la Cuba actual, así como en las relaciones internacionales y los bloques de poder mundial. En la década de los 50, en el punto álgido de la Guerra Fría entre la Unión Soviética y Estados Unidos, esos bloques eran aún más rígidos y **estancos** que hoy en día. Esto otorgó a la problemática cubana una importancia mundial que la puso en el escaparate político de la época.

EL REGRESO DE CASTRO Y EL INICIO DE LA REVOLUCIÓN

Tras su exilio en México, los Castro volvieron a Cuba en diciembre de 1956. Solo doce de 81 hombres que desembarcaron en la isla sobrevivieron a la persecución organizada por el gobierno de Batista después de su llegada. La mayoría fueron asesinados o capturados. Los pocos que se libraron —entre los que se encontraba Fidel, su hermano Raúl y Ernesto "Che" Guevara— comenzaron una campaña de guerrilla contra Batista en las montañas de Sierra Maestra, en el sureste de Cuba. Su organización llevó el nombre "Movimiento 26 de julio", nombre que conmemoraba el levantamiento de 1953.

Después de la llegada de Castro a Cuba, la isla vivió una sucesión de insurrecciones y conflictos. En marzo del 57, un grupo de rebeldes trató de asaltar sin éxito el palacio presidencial en La Habana. El ataque se saldó con decenas de muertos. También hubo revueltas en el centro y en el sur de la isla. Hubo un intento de huelga general que fue impedido por parte del gobierno a través de amenazas. De hecho, ante este clima de conflicto, Batista se volvió más rígido en su posición y suprimió derechos y libertades básicas como el derecho de reunión o la libertad de expresión. Más adelante ese año, en septiembre, un grupo de rebeldes tomó el cuartel naval de la ciudad cubana de Cienfuegos. Cientos murieron cuando el gobierno retomó la posición.

Como podemos ver, llegados a este punto la situación era lo suficientemente tensa como para que la isla estuviera al borde de la guerra civil. Podríamos decir que la revolución ya había comenzado.

1958, LA REVOLUCIÓN ESCALA POSICIONES

Con la entrada de 1958, la revolución empezó a causar estragos. Las fuerzas revolucionarias apuntaron a los sectores claves de la economía cubana para desestabilizar al país. Atacaron las plantaciones y los molinos de azúcar para herir al sector agrícola, bombardearon La Habana para **desincentivar** el turismo, se movilizaron en el este de la isla donde estaba la industria minera para ralentizar sus actividades, etc.

Ante esta situación de inestabilidad, Estados Unidos suspendió el envío de armas al gobierno cubano. Toda esa situación fue una excusa para que Batista pospusiera las elecciones de junio del 58. Los comunistas cubanos, liderados por Juan Marinello, convocaron una huelga general en respuesta a esa decisión. La huelga no llegó a hacerse, pero el grupo comunista empezó a ejercer una feroz oposición hacia el gobierno desde entonces.

Durante el verano, Batista lanzó una ofensiva contra Castro que llevó a sus tropas a las mismas **faldas** de la Sierra Maestra. Sin embargo, los guerrilleros castristas lograron frenar el ataque y obligaron a las tropas del gobierno a retroceder a sus posiciones.

Durante los siguientes meses, Castro subió el tono. Lanzó amenazas de huelga general, amenazas de muerte a candidatos a la presidencia y empezó una ola de secuestros de ciudadanos norteamericanos. La ira estadounidense obligó a Castro a soltarles pronto, pero estas acciones aumentaron la tensión entre los rebeldes cubanos y el gobierno de EE. UU.

Al llegar las elecciones en noviembre, los rebeldes controlaban varias provincias del este de la isla y cuando salieron los resultados de los votos en esas provincias, quedó claro que había habido un fraude electoral masivo. El candidato moderado, Carlos Marquez Sterling, salió victorioso en las provincias en las que no había habido fraude. Sin embargo, excusándose en que había habido irregularidades, Batista anunció que su candidato, Andrés Rivero Agüero, había ganado las elecciones. Con esta acción Batista terminó de **cavar la tumba** de su propio régimen.

EL FIN DEL RÉGIMEN DE BATISTA

Batista empezó a perder apoyos rápidamente a partir de este momento. Gran parte del ejército seguía apoyándolo, pero no contaba con suficientes armas ni munición (recordemos que el gobierno de Estados Unidos había dejado de enviarle suministros militares). Esta situación se agravó aún más con la captura por parte de un grupo de rebeldes liderados por el Che Guevara de un tren lleno de suministros de guerra dirigido a las fuerzas del gobierno.

Los revolucionarios, en cambio, estaban cada vez mejor organizados y administrados gracias a sus contactos con poderes externos. Ya no solo dominaban las técnicas de guerrilla, sino que podían plantarle cara al ejército de Batista en campo abierto.

Ante esta situación, hubo un punto en el que Batista se dio cuenta de que no podía competir contra Fidel, y decidió renunciar al cargo. Huyó a República Dominicana primero, y a la Isla portuguesa de Madeira después. Allí pasó el resto de sus días.

Aunque Batista había entregado el poder a uno de sus generales para que creara un gobierno provisional, las fuerzas revolucionarias proclamaron la victoria de la revolución y rechazaron cualquier acuerdo con los sucesores de Batista. Guevara fue el primero en entrar en La Habana el 3 de enero de 1959. Lo hizo sin oposición. Castro no llegó a la capital hasta varios días más tarde. Él mismo se convirtió en el Primer Ministro del nuevo gobierno provisional. La presidencia fue para Manuel Irrutia Lleó.

CASTRO EN EL PODER

Pero como ocurre en tantos otros casos en las revoluciones, la libertad por la que tanto se había luchado no fue el sentimiento que inspiró los actos del nuevo líder de la isla durante los siguientes meses. El nuevo Primer Ministro adoptó, más bien, una actitud de resentimiento y venganza.

Comenzó a arrestar, torturar y ejecutar a cientos de personas vinculadas con el gobierno de Batista alrededor de todo Cuba. Otra de las promesas de la revolución había sido la convocatoria inmediata de elecciones libres. Sin embargo, una vez en el poder, Castro cambió de idea, y esas elecciones prometidas se fueron posponiendo indefinidamente.

La nueva administración y sus miembros empezaron una serie de visitas a países del entorno (y también en el caso de Guevera a países lejanos de África, Asia y la Unión Soviética) para mostrar sus éxitos. Curiosamente, Estados Unidos fue uno de los primeros países en reconocer la legitimidad del gobierno de Castro a pesar de la creciente tensión entre ambas partes. En una visita al país norteamericano, Castro prometió que se mantendría neutral en caso de cualquier conflicto entre el bloque occidental y el bloque soviético.

A pesar de ello, durante esa visita Castro no logró que Estados Unidos apoyara financieramente a Cuba. Esto llevó al líder cubano a optar por medidas poco ortodoxas para **llenar las arcas** de su administración. Entre esas medidas se incluyeron la expropiación, los préstamos forzados, las subidas de impuestos o el control del tipo de cambio. Estas medidas (especialmente la agresiva reforma agraria del gobierno castrista, que encubría una ola de expropiaciones masivas) llevaron a EE. UU a enviar una protesta formal al nuevo gobierno cubano. Castro respondió que era una medida soberana y que no alteraría sus términos.

Ante esta escalada de tensión, Castro decidió renunciar a su cargo. Justificó su resignación diciendo que no podía trabajar con Urrutia, y lo **tildó** de traidor. Esto provocó una manifestación proletaria que reclamaba la vuelta de Castro y le pedía que continuara su lucha contra el "imperialismo extranjero". Animado por este apoyo popular, Castro retomó el poder, expulsando a Urrutia de su cargo y arrestándole.

Todo esto ocurrió en un contexto cada vez más difícil para los cubanos, con una economía muy débil, altas tasas de desempleo y falta de inversión. Además, la estabilidad del régimen estaba en **entredicho**, a causa de las numerosas deserciones y de la creciente oposición a Castro en las provincias del centro y el oeste del país.

La oposición durante esos primeros años del régimen castrista no logró su objetivo de apartar a Castro del poder, aunque marcó el inició de una serie de intentos de golpe de estado o de asesinatos contra el líder revolucionario que algunas fuentes llegan a contabilizar en unos 600.

A principios de la década de los 60, Cuba acercó posiciones con la Unión Soviética y con su presidente Nikita Krushchev. Esto fue acompañado por un distanciamiento con Estados Unidos, derivado de los discursos incendiarios de Castro contra su vecino y de la confiscación de activos extranjeros en la isla a pesar de las protestas americanas. Para finales de los años 60, las relaciones económicas entre Estados Unidos y Cuba eran prácticamente inexistentes. En 1961, el presidente americano Dwight Eisenhower cortó definitivamente las relaciones diplomáticas con la isla. Pero no solo eso, en la primavera de ese año, la Agencia de Inteligencia Estadounidense (la CIA), financió y dirigió un intento de invasión con exiliados cubanos desde la Bahía de los Cochinos, en la costa sur de Cuba. Este fue el intento más importante de expulsar a Castro del poder, pero el ejército cubano consiguió repeler el ataque.

Castro había logrado apuntalar su posición de tal manera que lograra mantenerse en el poder durante casi 5 décadas, hasta el año 2008. A partir de entonces y hasta hoy, el poder de la isla está en manos de su hermano Raúl.

> *¿Sabías que...?*
>
> *Fidel Castro logró el récord Guinness al discurso más largo de la historia de la ONU. Los discursos fueron siempre una de las armas más poderosas del presidente cubano ya que era un gran orador, y tenía gran poder de convicción a través de las palabras. En su discurso ante la Asamblea General de la ONU, Castro se alargó nada menos que 4 horas y 29 minutos para dejar claras sus ideas.*

Vocabulary list

estancos immobile
desincentivar discourage
(las) faldas hillsides
cavar la tumba dig one's own grave
llenar las arcas fill the coffers
tildó (he) branded (someone) as (something)
entredicho in doubt

7. LA REVOLUCIÓN CHINA

- La Revolución China es, sin lugar a dudas, uno de los grandes acontecimientos del S. XX, aunque en occidente sea un acontecimiento que muchas veces **pasa desapercibido**.
- Esta Revolución transformó China **de arriba abajo**. En pocas décadas la convirtió de un país atrasado a una potencia mundial.
- El proceso revolucionario chino es un proceso largo que tiene origen varios siglos atrás y culmina con la Revolución Cultural, iniciada en la década de 1960.

La Revolución China es un acontecimiento mucho menos conocido en occidente que el resto de revoluciones de las que hemos hablado en este libro. Muchos hemos crecido pensando que occidente es el centro del mundo. En muchos libros, programas de televisión y películas se da por hecho que occidente ha sido el director de orquesta de la historia del mundo. Incluso en el colegio, muchas veces, se ignora el recorrido de los países que no están en nuestro entorno. Pero si realmente analizamos lo que ha ocurrido a lo largo de la historia, nos daremos cuenta de que occidente ha sido protagonista solo durante los últimos dos o tres siglos. Otros focos culturales han ejercido su influencia sobre millones de personas también. China es uno de ellos.

Ha habido épocas en las que civilizaciones lejanas como la china han estado al mismo nivel que las potencias europeas, o incluso han llegado a **mirarlas por encima del hombro**. Todo es **cíclico**, y en la actualidad estamos viendo como ese eje de poder está cambiando de nuevo. De hecho, es muy probable que, en las próximas décadas, China **desbanque** a Estados Unidos como primera potencia mundial. Este giro hace que sea especialmente relevante hablar de la Revolución China a día de hoy.

La pregunta entonces es: ¿cómo ha conseguido China, en menos de un siglo, transformarse de una sociedad primitiva de raíces feudales a lo que es hoy? ¿Cómo ha pasado el país de tener una economía débil y atrasada, basada en la explotación del campo y sin apenas clase media, a tener una de las economías más fuertes del mundo? ¿Cómo ha pasado de ser una nación **ninguneada** por potencias occidentales y asiáticas, a ser una de las superpotencias más poderosas de nuestro tiempo?

La respuesta es a través de profundas revoluciones: cambios radicales, violentos y muy exigentes —e incluso, a veces, crueles— para su población. Esto es de lo que vamos a hablar en este capítulo. Será un capítulo un poco diferente a los anteriores, ya que debemos entender muchas cosas de la historia de un país tan desconocido para occidente como China, para entender su proceso revolucionario. Nos centraremos en la revolución maoísta tras la Segunda Guerra Mundial. Pero para entender esa revolución, haremos un repaso por el último siglo y medio de la historia china. Desde los intentos de colonización europea (que provocaron las guerras del **opio**, y **precipitaron** la caída de la última dinastía china), hasta la Revolución Cultural, punto álgido de la revolución de Mao Tze Tung.

Vocabulary List

pasa desapercibido (it) goes unnoticed
de arriba abajo from top to bottom
mirarlas por encima del hombro (they) look down at (someone)
cíclico cyclic
desbanque (it) replaces
ninguneada despised
(el) opio opium
precipitaron (they) accelerate

7.1 CHINA: EL VIAJE DE UNA GRAN DESCONOCIDA

- *China ha sido siempre un foco cultural muy importante y uno de los centros de poder mundial.*
- *Su identidad se ha desarrollado durante mucho tiempo al margen de occidente, lo que hace que tenga una identidad propia y una idiosincrasia social diferente a la occidental.*
- *La China prerrevolucionaria era un país atrasado y débil, ninguneado por las potencias occidentalizadas y con conflictos internos frecuentes.*

China siempre ha sido uno de los centros de poder del mundo. Su sociedad se ha desarrollado al margen de la europea y de otros focos culturales, lo que ha creado una identidad propia y bien diferenciada del resto de países. Esto se debe, en parte, a la geografía del país. Esa geografía hace que gran parte de su población se haya concentrado siempre en la franja este del país, lejos de otras culturas.

LA CHINA PRERREVOLUCIONARIA

La civilización china nació hace más de 5,000 años a lo largo los dos grandes ríos de esa zona del país: el Yangtze y el río Amarillo. Desde tiempos del Imperio Romano mantuvo una extensa red de rutas comerciales que conectaba el este asiático con el nororiente de África y Europa mediterránea, conocida con el nombre de la Ruta de la Seda. Sin embargo, estuvo mucho tiempo aislada de la revolución industrial que se estaba dando en Europa en los siglos XVIII y XIX. La industrialización llegó tarde al país, en el que su principal motor económico hasta mediados del S. XX seguía siendo la agricultura (un sector, además, muy atrasado).

El campesinado vivió durante siglos en condiciones de vida muy duras, con larguísimas jornadas de trabajo, retribuciones muy bajas y altos impuestos. Para los pocos chinos dedicados al comercio, la situación tampoco era mucho más sencilla. Gran parte de sus ganancias las gastaban en impuestos a las autoridades locales y era difícil expandir su actividad.

La sociedad china se basaba en los valores del confucianismo. Una filosofía que defendía valores como el trabajo, la obediencia a la autoridad, y la **reverencia** a los antepasados. La situación de las mujeres era muy complicada. Aunque algunas llegaron a posiciones de poder, e incluso fundaron dinastías, la mayoría vivían apartadas de la vida social. Muchas de ellas, sobre todo en las clases altas, eran sometidas a auténticas torturas —como el "pie de loto"[17]— por razones estéticas.

Por tanto, la China prerrevolucionaria de principios del siglo XIX era un país atrasado tecnológica, económica y socialmente. Además, tenía un sistema político basado en

---

[17] El "pie de loto" era una práctica estética que implicaba una serie de técnicas dolorosas como la fractura de los empeines a la edad de los 3-4 años. Los pies después eran vendados para evitar que pudieran crecer.

el feudalismo que **asfixiaba** a su población con impuestos.

OCCIDENTE ENTRA EN LA PARTIDA

El choque cultural con occidente fue enorme. Solo había habido algunos pocos contactos extranjeros a lo largo de los siglos anteriores. Varios países occidentales habían colonizado diferentes regiones del continente asiático desde el siglo XV. Pero no fue hasta el siglo XIX cuando las dos culturas se encontraron frente a frente.

Alrededor de 1700, la dinastía Qing gobernaba China con mano dura. Llevaba en el poder casi medio siglo. El emperador miraba con recelo el contacto con las potencias extranjeras, y puso un control importante a las exportaciones con occidente.

En el siglo XVIII, China se convirtió en un centro económico muy influyente porque muchas materias apreciadas alrededor del mundo solo se podían conseguir allí. El problema era que los chinos solo exportaban, no compraban nada de lo que venía del exterior. Era un país **autosuficiente** y no tenían interés en los productos de occidente.

Esto, con el tiempo, se convirtió en la chispa que encendió las revueltas que acabaron transformando el país. ¿Por qué? Vamos a verlo.

UNA SOLUCIÓN POCO CONVENCIONAL

A principios del siglo XIX se produjo una ola colonialista rápida y agresiva con los británicos como principal protagonista. La principal causa de esta expansión colonial fue la búsqueda de mano de obra barata, recursos y nuevos mercados para alimentar la revolución industrial.

Las potencias europeas —sobre todo Reino Unido— no estaban dispuestas a permitir que la balanza comercial cayera del lado chino. Pero la solución a esta situación no era sencilla porque los europeos no tenían productos atractivos para los chinos.

Inglaterra, sin embargo, estaba determinada a **salirse con la suya**. La vía para hacerlo no fue convencional. La idea surgió del té. Esta bebida de origen asiático se producía casi exclusivamente en China. Aunque al principio era un capricho para unos pocos, en pocos meses el té se popularizó muchísimo entre la población inglesa. Pronto se empezaron a importar miles de toneladas de té chino. **Flotas** enteras lo traen a Europa. A cambio, se entregaban **lingotes** de plata. De esta manera, China empezó a acumular la plata británica. La Compañía de las Indias Orientales (de la que ya hemos hablado anteriormente) comenzó a preocuparse por esta situación. El negocio del té no les estaba siendo rentable. Se dieron cuenta de que la población inglesa se había hecho adicta al té. De repente, se les **encendió la bombilla**: la solución que buscaban está precisamente ahí, en las adicciones. Concretamente, en la adicción al opio.

El opio era una sustancia que solía utilizarse entre las clases altas chinas. Hasta entonces, el consumo de esta droga no representaba un problema social. Su elevado precio la ponía **al alcance** de muy pocos. Gran Bretaña, casualmente, tenía el monopolio del comercio de este producto. Contaba con gigantescas plantaciones de opio alrededor de toda la India. El plan era vender grandes cantidades de ese opio a los chinos y recuperar parte de la plata perdida.

De esta manera, entre 1820 y 1830 Gran Bretaña inundó China de droga utilizando intermediarios indios. Las cantidades eran tan grandes que los precios cayeron, y gran parte de la población pudo permitírsela. Los fumaderos de opio aparecieron por cientos alrededor de toda China. El opio se hizo tan popular que alrededor del 90% de los hombres de menos de 40 años de las ciudades costeras lo fumaban regularmente. El opio tenía la particularidad de ser una sustancia muy adictiva, por lo que los consumidores podían llegar a gastarse grandes proporciones de su salario en la droga. Esto provocó una crisis social que estuvo a punto de colapsar China.

El gobierno Chino se vio obligado a prohibir la importación de esta sustancia en todo el país. Sin embargo, los británicos consiguieron **apañárselas** para seguir introduciendo importantes cantidades de opio en China. Ante esto, el emperador Daoguang tomó medidas más drásticas: exigió que todo el opio que hubiera en el país se entregase a las autoridades, cerró el puerto de Cantón y tomó de rehenes a los comerciantes británicos. Además, asaltó los barcos extranjeros cercanos a sus dominios, **incautó** el opio de sus bodegas y lo quemó todo en una **pira**. Esto **enturbió** aún más las relaciones entre Gran Bretaña y China. El conflicto era inevitable.

DE LA PRIMERA GUERRA DEL OPIO A LA REBELIÓN DE TAIPING

En junio de 1840, Inglaterra declaró la guerra a China. Es la Primera Guerra del Opio. La guerra duró poco más de dos años y estuvo marcada por la enorme superioridad técnica y militar de los británicos. China perdió y se vio obligada a pagar cuantiosas reparaciones, ceder territorios como Hong Kong y abrirse al libre comercio. Esta humillante derrota supuso un duro golpe para la moral del pueblo chino. Empezaron a surgir voces que criticaban la gestión del emperador y de la dinastía Qing. La Primera Guerra del Opio supuso, por tanto, el germen de las revoluciones sociales que tendrían lugar poco después.

La apertura al comercio internacional, por otra parte, hizo que China se inundara de bienes extranjeros. Esto no benefició al país oriental, sino que supuso su ruina. El negocio de los comerciantes ingleses creció enormemente (sobre todo con productos como el té o la seda), y empezaron a exigir mano de obra. Muchos campesinos chinos abandonaron el campo para dedicarse a estas nuevas actividades. Esto hizo que se produjera menos comida, y que la que se producía subiera de precio. También cerraron muchos comercios tradicionales chinos que no podían competir con los procesos productivos industrializados de los ingleses. El nivel de vida de los trabajadores chinos cayó drásticamente, y el emperador no pudo hacer nada para evitarlo. La necesidad de renovación para poder adaptarse a esta situación hizo que, durante esta época, llegasen las primeras ideas sociales occidentales a China.

El aumento del desempleo y la expansión de la pobreza provocaron revueltas alrededor de todo el país. La situación en las regiones del sur era especialmente mala. En esa zona, de hecho, surgió una gran revuelta que desembocó en una guerra civil que duró 16 años y en la que murieron nada menos que 20 millones de personas. Esto ocurrió en 1850, y el conflicto se conoce con el nombre de la Rebelión de Taiping.

LA SEGUNDA GUERRA DEL OPIO Y LA GUERRA CIVIL

Inglaterra decidió aprovechar la inestabilidad china para declarar la Segunda Guerra del Opio. Fue una guerra de **desgaste** que duró de 1856 a 1860. Después del conflicto, China quedó obligada a legalizar el opio sin reservas y a abrir Pekín a las embajadas extranjeras.

Mientras tanto, la guerra civil estaba en marcha. Las tropas imperiales no eran capaces de conseguir el control de las zonas rebeldes y pidieron ayuda a potencias occidentales.

Francia y la propia Gran Bretaña **tomaron partido** del lado del poder imperial. Al fin y al cabo, la desestabilización de la estructura social China era una amenaza para los intereses de estas potencias europeas.

En 1864 se produjo la muerte de Hong Xiuquan, uno de los principales líderes de la Rebelión de Taiping. Ocurrió durante el sitio de la ciudad de Naijing por parte de las tropas imperiales. Esta muerte desmoralizó a sus seguidores y terminó con la rebelión.

EL MOVIMIENTO DE AUTORREFUERZO

La nación no volvió a ser la misma después de la guerra civil. Los chinos se dieron cuenta de que el emperador dependía de las fuerzas occidentales extranjeras para controlar la situación interna. Ante esta debilidad, los líderes regionales empezaron a exigir cambios al emperador para avanzar hacia la modernización y poder hacer frente al dominio occidental.

Así comenzó el movimiento de autorrefuerzo. Este movimiento consistió en una serie de reformas económicas y militares en las provincias que provocaron la descentralización del poder en China. Esta descentralización, como veremos más adelante, fue un factor importante para muchos acontecimientos futuros. También hay que decir que, a pesar de estas medidas, los avances fueron bastante escasos.

JAPÓN: UN NUEVO Y PODEROSO ENEMIGO

La posición de China siguió siendo, por tanto, muy vulnerable frente a las potencias extranjeras. Esto se puso de manifiesto cuando Japón **anexionó** Corea en la década de 1880. Japón se había transformado en una potencia occidentalizada en poco tiempo, lo que le hizo empezar a tener ansias imperialistas. Para ello miraron al país vecino, Corea, un reino **vasallo** de China desde hacía cientos de años.

Corea era un reino importante para China. Y los chinos, por supuesto, no vieron con buenos ojos la estrategia de Japón. Durante la década de 1884 la guerra estalló entre ambos países. En menos de un año, China fue derrotada. La falta de preparación de las tropas chinas, su baja moral y los problemas logísticos derivados del movimiento de autorrefuerzo son algunas de las principales razones que explican esa derrota. China firmó una paz humillante en la que reconoció la independencia de Corea y tuvo que pagar grandes sumas de dinero a Japón. También perdió la soberanía de Taiwán y de otras islas.

LA REFORMA DE LOS CIEN DÍAS

A partir de este momento, Japón **arrebató** a China la posición de líder en Asia. Esto supuso un revés para la imagen y el prestigio internacional de China. Cada vez se percibía más la debilidad del país, lo que provocó una desmoralización entre la población y los gobernantes chinos.

Esto condujo a la "Reforma de los cien días", aceptada por el emperador Guangxu. Esta reforma tenía como objetivo lograr la modernización profunda del país. Las medidas para lograrlo eran muy agresivas. Entre otras cosas, se modificó el sistema educativo y el proceso de acceso al **funcionariado**, se dio un giro hacia el capitalismo en la economía, y se reformó el ejército al estilo europeo. También se dieron los primeros pasos para avanzar de una monarquía absoluta a una monarquía parlamentaria en un intento de democratizar el país. ¡Y todo esto en solo 108 días!

En solo tres meses el país estaba patas arriba. Las reformas no gustaron a todo el mundo. La clase gobernante china estaba especialmente descontenta. Muchos de ellos pidieron al emperador que diera marcha atrás a las reformas, pero el emperador **hizo oídos sordos**. En 1898, una antigua emperatriz llamada Cixí dio un golpe de estado apoyada por la clase gobernante descontenta. El golpe de estado triunfó con facilidad y Guangxu fue expulsado del trono para convertirse en prisionero.

LA REBELIÓN DE LOS BOXERS

Después del golpe de estado nació en China una secta conocida con el nombre de los Boxers. Los Boxers se oponían a la influencia occidental y a las costumbres extranjeras. A medida que los Boxers ganaban popularidad, la emperatriz les otorgaba protección y apoyo ya que les consideraba un arma útil frente a los occidentales.

De esta manera, empezaron a surgir focos de insurrección a lo largo de todo el país. En junio de 1900, miles de miembros de los Boxers se concentraron alrededor de Pekín con el objetivo de expulsar a los extranjeros que vivían en la ciudad. Algunos oficiales del ejército se unieron al movimiento de los Boxers. La emperatriz, que era consciente de la crisis de su dinastía, decidió apoyar también esa revolución.

Los extranjeros **se atrincheraron** en la zona de embajadas de la ciudad y consiguieron resistir el asalto durante 55 días. Al final, un ejército formado por tropas occidentales de todo el mundo consiguió liberarles. Ese ejército, después de su llegada, saqueó la ciudad y **se ensañó** con la población china.

En medio de toda esta situación, la emperatriz había huido a las impenetrables regiones montañosas del país para gobernar desde allí. Sin embargo, el movimiento Boxer tenía millones de simpatizantes, y siguió su curso. Muchos de ellos se lanzaron a la calle llenos de odio para enfrentarse a todo lo que oliera a occidente.

El levantamiento terminó reprimiéndose, pero sirvió para que los europeos se dieran cuenta de que no podían interferir tanto en los asuntos internos chinos. De esta manera se puso fin a la época del colonialismo en China. Además, como veremos a continuación, la rebelión contribuyó a la caída definitiva de la dinastía Qing.

LA REVOLUCIÓN DE 1911: EL FIN DE LA CHINA IMPERIAL

El **descrédito** de la dinastía Qing hizo que cada vez más gente creyera que China debía abandonar la monarquía y convertirse en una república. Esto llevó a la emperatriz Cixí a emprender una serie de reformas. Sin embargo, no fueron suficientes para aplacar las ansias de cambio. Tras la muerte de Cixí en 1908, el poder pasó a manos de su sobrino, un niño de solo tres años. Su reinado, sin embargo, fue muy corto.

Empezó a surgir entonces un movimiento estudiantil que buscaba la democracia y que era muy crítico con la dinastía Qing. Este movimiento empezó a influenciar las diferentes escuelas militares que iban surgiendo por el país. En octubre de 1911, este movimiento estalló en un levantamiento que se convirtió en la Revolución de Xinhai.

La monarquía trató de aplastar el levantamiento, pero las cosas no salieron como la corte imperial pensaba. Los enfrentamientos se sucedieron, y cada vez más regiones se pusieron del lado del bando republicano. Ante la incertidumbre de la situación, Yuan Shikai, el general encargado por la dinastía Qing para aplastar el levantamiento, decidió pactar con los rebeldes en secreto.

En diciembre de 1911, Shikai cedió a los ideales revolucionarios y entregó a la corte las "Doce reclamaciones". Este documento significaba el paso a una monarquía parlamentaria, ya que establecía que el emperador perdería su poder para entregarlo a un primer ministro. El primer ministro que se proponía en esas reclamaciones era el propio Yuan Shikai. El joven rey Puyi se vio obligado a firmar el trato. La monarquía Qing ya no tomó ninguna decisión de gobierno más, aunque, de momento, mantuvo sus honores imperiales.

Pero esto aún no era suficiente para los revolucionarios, querían más. Querían que se proclamara una república. Shikai, por tanto, tuvo que volver a pactar con los revolucionarios. Pactó que él mismo se iba a convertir en el presidente de la república y que pronto iba a convocar unas elecciones democráticas. Ahora sí, la era imperial china había llegado a su fin. El 12 de febrero de 1911, Puyi, el último emperador chino, abdicó. Acaba de nacer la República de China.

> *¿Sabías que…?*
>
> *Hong Xiquan, uno de los principales directores de la Rebelión de Taiping, aseguraba que era hermano pequeño de Jesucristo. Tras dos intentos frustrados en los durísimos exámenes para convertirse en funcionario imperial Hong Xiuquan, según cuentan las crónicas de la época, tuvo una revelación espiritual. La semilla de esta revelación fue el conocer a un misionero cristiano en las calles de Pekín. Después de una crisis nerviosa, Xiuquan tuvo una serie de alucinaciones en las que un viejo sabio le decía que debía liberar a China de los demonios del confucianismo y del budismo. Él interpretó que ese hombre era Dios y, por tanto, que él era el segundo Mesías. La secta que fundó para llevar a cabo la supuesta voluntad de Dios se llamó "Los adoradores de Dios". Esta secta tuvo un papel protagonista durante la Rebelión de Taiping hasta la muerte de Xiquan.*

Vocabulary List

(la) reverencia bow
asfixiaba (it) strangled
autosuficiente self-sufficient
salirse con la suya get away with (something)
(las) flotas fleets
(los) lingotes ingots
se les encendió la bombilla a brilliant idea came to them
al alcance in reach
apañárselas (they) managed
incautó (he) confiscated
(la) pira bonfire
enturbió (it) became marred
(el) desgaste wear
tomaron partido (they) took sides with (someone)
anexionó (he) annexed
vasallo vassal
arrebató (it) took away (something)
(el) funcionariado civil servide
hizo oídos sordos (he) ignored
se atrincheraron (they) entrenched
se ensañó (he) was merciless with
(el) descrédito discredit

7.2 EL ASCENSO DE MAO

- *Después de un intento de democracia posteriormente de la caída de la monarquía en 1911, China quedó en manos de líderes militares.*
- *Mao Tze-tung fue un líder comunista que defendía las ideas marxistas y que se organizó para expandir sus ideas frente al Kuomintang.*
- *Después de la guerra contra Japón (1937-1945), China se sumió en una nueva guerra civil. En 1949 Mao salió vencedor y se convirtió en el líder del nuevo gobierno comunista de la recién fundada República Popular China.*

Como veíamos en el capítulo anterior, a partir de 1911 China empezó a mirar hacia el futuro. Pero dejar atrás más de 2,000 años de etapa imperial no es algo sencillo. El choque de ideas imperialistas y republicanas desembocó en una larga guerra civil que duró más de 10 años (1927-1937). Para muchos historiadores, esta guerra civil es solo la primera fase de un proceso bélico civil más largo. La segunda etapa de este proceso tuvo lugar entre 1946 y 1949, que es el momento en el que se inició la Revolución China de 1949, o lo que es lo mismo, la Revolución de Mao Tse Tung.

EL CAMINO HACIA LA GUERRA CIVIL (1911-1927)

Con la proclamación de la república en China surgieron las esperanzas de cambio que esperaban los revolucionarios. En 1913 se celebraron las primeras elecciones democráticas de la historia de China. Los bloques políticos fueron dos: los tradicionalistas, liderados por Yuan Shikai; y los republicanos, liderados por Sun Yat-sen —que era considerado uno de los ideólogos de la China moderna— y Song Jiaoren —el político encargado de liderar el nuevo partido republicano. Este nuevo partido republicano (Partido Nacionalista Chino o *Kuomintang* en chino) **arrasó** en las elecciones, y miles de personas salieron a la calle para celebrar la victoria.

De la democracia a la dictadura

Sin embargo, Shikai y sus partidarios no aceptaron los resultados y se negaron a dejar el poder. Shikai era consciente de que tenía el control del ejército y el apoyo de gran parte de las provincias más ricas del país. Apoyado en su posición fuerte, decidió ignorar las nuevas leyes que aprobaba la nueva Asamblea Nacional. Esto hizo que surgieran protestas a lo largo del país. Song Jiaoren se unió a muchas de las protestas y sirvió como altavoz para expresar las quejas contra Shikai. En marzo de 1913, Jiaoren es asesinado a tiros de camino a la asamblea. Esto encendió la **mecha** de la violencia entre los partidarios de Shikai y los del *Kuomintang*.

Más tarde, Shikai, ya convertido en dictador, ilegalizó el *Kuomintang* y abolió la Asamblea Nacional. Algunas provincias se declararon independientes y dejaron de reconocer el poder del gobierno central. Shikai mandó a su ejército para aplacar todos estos intentos de rebelión. Para 1914, todo el país estaba bajo su control. Para evitar futuras rebeliones, se llevó a cabo un intento de reorganización provincial. Se entregó el control sobre las regiones a gobernadores militares que podían actuar de forma independiente. Esto descentralizó aún más el poder en China.

La vuelta al imperio

Con los países europeos desangrándose en la Primera Guerra Mundial, Japón trató de aprovechar la oportunidad para convertirse en la potencia indiscutida de Asia. Para ello, Japón mandó a China una lista de exigencias conocidas como "Las 21 demandas". A través de ella, Japón intentó conseguir el control de la economía China y ocupar la península de Manchuria. El rechazo popular chino ante esta petición fue total. Pero Shikai no podía permitirse una guerra contra Japón, así que aceptó las demandas. A cambio, Shikai recibió el apoyo exterior de Japón.

Después de esto, la popularidad de Shikai empezó a caer en picado, incluso entre algunos de sus generales. Sin embargo, poco a poco, Shikai acaparó más poder hasta que se autoproclamó emperador de China. De esta manera, en 1916, el imperio volvió a reinstaurarse en el país.

Esto provocó aún más rechazo contra el nuevo emperador. Cada vez menos militares le apoyaban, y muchos de los gobernantes que antes le eran leales **le dieron la espalda**. Ni siquiera Japón parecía dispuesto a acudir en ayuda de Shikai como se había pactado. Las protestas se sucedían en todo el país en contra de Shikai. Muchas provincias volvieron a declarar la independencia frente al gobierno central. Después de 83 días como emperador, Shikai se vio obligado a abdicar.

Los señores de la guerra

Sin Shikai en el trono, se creó una situación de vacío de poder. Se intentó establecer un gobierno republicano. Sin embargo, los representantes del *Kuomintang* no contaron con el apoyo y las fuerzas necesarias para gobernar. Los que sí las tenían eran los gobernantes regionales. Sin un gobierno central fuerte, estos gobernadores empezaron a manejar sus territorios a su antojo. China se fragmentó. Los historiadores llaman a esta época la época de los "señores de la guerra".

El caos se extendió por el país. Los señores de la guerra empezaron a reclutar grandes ejércitos prometiendo a muchos jóvenes grandes sumas de dinero a cambio de que dejaran el campo para unirse a sus tropas. Para pagar a sus ejércitos, los gobernantes regionales empezaron a imprimir billetes. Esto provocó una enorme inflación. La situación económica se complicó tanto que se trató incluso de volver a activar el comercio del opio para sacar beneficios.

Así, durante más de diez años, se prolongó una época de militarismo, abusos por parte de los soldados, anarquía y miseria. China se estancó. No hay ningún tipo de progreso social y la industrialización se paralizó. La corrupción y la represión también crecieron. La situación para el campesinado era incluso peor que en tiempos de los Qing. En 1927 todo esto estalló en forma de guerra civil.

La influencia de Rusia

El *Kuomintang* pasó a convertirse en uno de los principales focos de oposición frente a los señores de la guerra. Sun Yat-sen había vuelto de unos años de exilio y había convertido al partido en un movimiento militar. Yat-sen, por tanto, era ahora un general que ponía orden entre las facciones del *Kuomintang*. ¿El objetivo? Acabar con los señores de la guerra y reunificar China.

Para lograrlo, Yat-sen se alió con varios señores de la guerra de las provincias del sur y con el recién creado Partido Comunista de China. Este partido tenía aún poco apoyo popular y poca influencia, y dependía de la sede internacional comunista de Moscú. Rusia, por su parte, veía con buenos ojos la reunificación de China para poder extender su influencia en su vecino asiático. El apoyo de Rusia fue, por tanto, decisivo para que el *Kuomintang* triunfara frente a los señores de la guerra y se convirtiera en la fuerza con más poder del país.

El apoyo extranjero contribuyó también a crear y renovar un nuevo ejército revolucionario. A su mando se puso a un hombre llamado Chiang Kai-shek. Sin embargo, la repentina muerte del líder republicano, Sun Yat-sen, provocó una crisis en el movimiento. Su sucesor al frente del *Kuomintang*, una vez más, fue alguien que contaba con el apoyo del ejército, es decir, Chiang Kai-shek.

TRES DÉCADAS DE GUERRA (1927-1946)

Al año siguiente, en 1926, el ejército estaba preparado para pasar a la acción. La meta era liberar a China de la tiranía de los señores de la guerra y volver a reunificar el país. Al principio, el ejército republicano era mucho más pequeño que el del enemigo. Apenas unos 100,000 hombres contra los millones de soldados comandados por los señores de la guerra. Sin embargo, esos 100,000 hombres estaban muy bien armados y muy bien dirigidos.

Kai-shek se lanzó a la conquista del país desde las provincias del sur. Durante los primeros años de la guerra, sus tropas lograron importantes victorias frente a los desorganizados ejércitos de los señores de la guerra. En solo dos años, consiguió conquistar todo el país. China volvía a estar unida.

La masacre de Shangai

En el *Kuomintang* convivían muchas facciones ideológicas. Muchas de ellas empezaron a no ver con buenos ojos que Kai-shek siguiera siendo el líder del movimiento. Los comunistas eran los que más empujaban para su salida.

No quieren que otro militar esté al frente del país. Para los comunistas, el proletariado era el encargado de liderar el cambio.

Stalin, desde Rusia, metía presión para que los comunistas sumaran apoyos. La tensión dentro del partido empezó a aumentar, y la distancia entre facciones era cada vez mayor. En este contexto llegamos a un evento que cambiará la historia de China para siempre: la masacre de Shangai.

A Kai-shek le preocupaba que el Partido Comunista ganase demasiado poder y decidió ocupar Shangai (donde se encontraba la sede del Partido Comunista) con sus tropas. El siguiente paso de Kai-shek para eliminar la amenaza comunista fue encargar el asesinato de miles de dirigentes, simpatizantes y afiliados del Partido Comunista.

Esto provocó una importante oleada de protestas entre la población. Pero esas protestas fueron reprimidas a balazos por los **sicarios** enviados por Kai-shek. Más de cien personas murieron. Pero este no fue el único incidente parecido. En muchas otras ciudades de China se repitió la escena. Miles de comunistas fueron arrestados, juzgados y encarcelados o ejecutados. Se calcula que en total se mataron unos 15,000 militantes del Partido Comunista (más de la mitad de sus filas). Los restantes solo tenían dos opciones: huir del país o refugiarse en el campo.

Esta situación hizo que el Partido Comunista de China empezara a ganar peso entre el campesinado. Otra de las consecuencias de la masacre de Shangai fue que Rusia retiró el apoyo al *Kuomintang* de Kai-shek. Se lo otorgó directamente al Partido Comunista.

Mao Tze-Tung entra en escena

En este periodo **entra en escena** una de las personas más importantes de todo el proceso revolucionario chino. Hablamos**, nada más y nada menos**, que de Mao Tze-Tung.

Durante los años 20, Mao había entrado en contacto con las ideas marxistas. Después de asistir a unas cuantas asambleas del Partido Comunista, volvió a su **tierra natal**, Hunan. Allí creó una escuela en la que empezó a instruir a sus estudiantes en las ideas marxistas. Además, empezó a organizar a los trabajadores de la región e impulsó varias huelgas. Esta actividad llamó la atención del Partido Comunista, y se le ofrecieron varios cargos directivos.

Después de la masacre de Shanghai, Mao cambió de estrategia y empezó a organizar a los campesinos en milicias para que se pudieran defender de posibles ataques futuros. La popularidad de Mao empezó a crecer rápidamente entre los campesinos. Después de un intento de levantamiento fallido, Mao se retiró a las montañas con sus seguidores. Allí, Mao se hizo fuerte.

Mao se dio cuenta de que la única posibilidad de combatir contra el ejército de Kai-shek era a través de una guerra de guerrillas. De esta manera, consiguió ocupar varios pueblos, y empezó a aplicar sus medidas de gobierno (ej. la expropiación de tierra a los terratenientes). El número de simpatizantes de Mao empezó a crecer más y más. Esto le permitió expandirse a la región vecina y crear allí un gobierno comunista. Desde allí, continuó su enfrentamiento contra Kai-shek y el *Kuomintang* para conseguir el control del país.

La Larga Marcha

Poco a poco Mao avanzó posiciones. Su movimiento se vio beneficiado por un nuevo e inesperado intento del imperio japonés de ocupar Manchuria. Esto obligó a Kai-shek a quitar el foco de Mao y lidiar con esta crisis.

Una vez pasada la tormenta, el *Kuomintang* volvió a poner sus ojos en los rebeldes comunistas. Esta vez lo hizo con mucha fuerza, y el ejército de Mao se vio desbordado. Ante esto, Mao tomó una medida desesperada: reunir a las tropas que le quedaban —unos 90,000 hombres— y tratar de huir de la región. A este acontecimiento se le conoce con el nombre de "La larga marcha".

La huida terminó en una masacre. Casi 40,000 de los 90,000 hombres de Mao perdieron la vida a manos del ejército del *Kuomintang*. Sin embargo, los restantes 50,000 consiguieron escapar del cerco. Les esperaba ahora una enorme travesía llena de complicaciones en las que se perdieron muchas personas más. Solo unos 8,000 consiguieron llegar al destino final: Shaanxi, en el noroeste del país.

Allí, el Partido Comunista y el Ejército Rojo se recompusieron rápidamente. El ideario se radicalizó.

Pronto consiguieron el control de la zona y volvieron a expropiar la tierra a los terratenientes. Se fundaron escuelas donde se adoctrinaba a la gente, y se obligó a los oficiales a trabajar y vivir junto con la gente de los pueblos. Mao había entrado de nuevo en la partida.

La invasión de Japón

Kai-shek **no se quedó con los brazos cruzados** ante esto. En 1937, movilizó sus tropas para el asalto final contra Mao. A priori, parecía que el *Kuomintang* iba a arrasar a los comunistas. Sin embargo, tuvo lugar otro acontecimiento que cambió el rumbo del país: Japón declaró la guerra total a China.

Kai-shek, esta vez, prefirió enfocar sus esfuerzos en **borrar del mapa** a Mao. Sin embargo, muchos de sus generales, así como gran parte del pueblo chino, no están de acuerdo con esta decisión. El Partido Comunista aprovechó para mostrarse como un partido nacionalista dispuesto a firmar una tregua con el *Kuomintang* para poder defender el país frente a los agresores extranjeros. A Kai-shek no le quedó más remedio que aceptar. Japón, una vez más, había salvado a los comunistas.

Japón ocupó varias ciudades del oriente de China, pero el país era demasiado grande y los altos mandos japoneses decidieron afianzarse en la zona en vez de seguir avanzando. Pero los ejércitos japoneses que estaban en China, eufóricos por sus victorias, no hicieron caso a estas órdenes.

El *Kuomintang* y el ejército de Mao se defendieron como pudieron. Mao siguió empleando técnicas de guerrilla contra los japoneses. Obtuvo algunos éxitos, pero también varias derrotas. El Ejército Rojo creció mucho a base de voluntarios. La estrategia de Kai-shek era muy diferente. Decidió optar por impedir el avance enemigo destruyendo el terreno. Esto le llevó, por ejemplo, a volar los diques de la presa del río Amarillo. Esto detuvo el avance de los japoneses, pero provocó inundaciones que mataron a medio millón de personas y dejaron a otros 10 millones sin hogar. Además, generó una gran hambruna. Todo ello va a convertir a Kai-shek en un líder tremendamente impopular.

El final de esta guerra entre China y Japón llegó tras el lanzamiento de las bombas atómicas sobre Hiroshima y Nagasaki y la posterior firma de la rendición por parte de Japón. Con ella, China recuperó sus territorios y Corea pasó a ser independiente.

Una nueva guerra civil

De esta manera, el Partido Comunista salió muy reforzado del conflicto con Japón. En 1945 el partido contaba con 850,000 afiliados (20 veces más que al empezar la guerra).

Un año más tarde, en 1946, estalló de nuevo la guerra civil entre el Partido Comunista y el *Kuomintang*. Esta vez los comunistas eran los claros favoritos. Contaban con el apoyo de Rusia, un gran apoyo popular. Durante los siguientes tres años, todas las ciudades del país fueron cayendo en manos de Mao y los suyos.

El 10 de octubre, Mao Tze Tung, con 55 años, entra en Pekín **vitoreado** por miles de personas. China tiene nuevo líder. Acaba de fundarse la República Popular de China.

> *¿Sabías que...?*
>
> *A los pocos días del ascenso al poder de Mao, Kai-shek huyó con 500,000 soldados, 2 millones de simpatizantes, y billones de dólares a Taiwán. Allí fundaron la República de China. Kai-shek presidió el gobierno de esa república hasta su muerte en 1975. Muchos países occidentales se negaron a reconocer al Partido Comunista como gobierno legítimo de China hasta muchas décadas después de la Segunda Guerra Civil China. De hecho, nunca se llegó a firmar la paz, así que, oficialmente, la guerra entre el Kuomintang y el Partido Comunista continúa abierta hoy.*

Vocabulary List

arrasó (he) triumphed
(la) mecha fuse
le dieron la espalda (they) turned their back on (someone)
(los) sicarios hired assassins
entra en escena (he) appeared
nada más y nada menos one and only
(la) tierra natal home town
no se quedó con los brazos cruzados (he) did not sit back and do nothing
borrar del mapa wipe off the map
vitoreado acclaimed

7.3 UNA NUEVA CHINA

- *Mao es considerado como el padre del estado moderno chino por sus medidas y reformas.*
- *Trajo unidad y estabilidad al país, puso a China en el tablero internacional y consiguió grandes avances sociales. En términos económicos la cuestión es más polémica. De hecho, fue después de su muerte cuando la economía del país realmente estalló.*
- *Las decisiones de Mao también tuvieron efectos nefastos sobre la población china. Sin embargo, su figura fue omnipresente en China y todo un símbolo de la lucha contra el capitalismo en el mundo entero.*

En 1949, el Partido Comunista expulsó del poder al Kuomintang y consiguió el control de China. Había un líder indiscutible, y ese era Mao Tze-tung. Su recorrido hasta llegar a esa posición había sido largo y **tortuoso**, lleno de conflictos y pérdidas. Todo ello modeló el carácter de Mao y, con ello, su forma de gobernar.

La situación en la que se encontraba China en el momento del ascenso al poder de Mao era desastrosa. El país estaba destruido por la guerra, y se sucedían hambrunas y epidemias. A principios de los 50, China tenía 580 millones de habitantes. Y casi el 85% de la población se seguía dedicando al campo. Precisamente los campesinos habían sostenido el ascenso del Partido Comunista. En esta época, el partido contaba ya con más de 8 millones de afiliados.

LAS PRIMERAS REFORMAS DE MAO

Pronto se introducen una serie de reformas que van a transformar el país rápidamente.

La reforma agraria

Lo primero será una gran reforma agraria a escala nacional. Para hacerlo, se decidió segregar a la población en grupos según su clase social. Para identificar a cada grupo se utilizaban brazaletes de colores. A los terratenientes y grandes propietarios se les apartaba y marginaba. Sus propiedades fueron nacionalizadas y se repartieron entre los que antes no tenían nada.

A la vez, se lanzó una campaña política llamada: «**Saca a relucir** tu **amargura**». El Partido Comunista tenía como objetivo que no surgieran opositores o grupos disidentes, y quería implicar a la población rural en esa tarea. Con la campaña se buscaba que los campesinos denunciaran públicamente a sus antiguos jefes. Algunos de esos terratenientes fueron denigrados en público. Otros fueron encarcelados o, incluso, ejecutados. Muchos de ellos se suicidaron por vergüenza.

Durante la reforma agraria (1949-1952) se calcula que murieron alrededor de 2 millones de personas.

Cambio de costumbres

Además, las ceremonias tradicionales, los ritos y los festivales estacionales quedaron prohibidos. Se sustituyeron por asambleas y reuniones del Partido Comunista. Allí se adoctrinaba a la población y se ensalzaba la figura de Mao. También se exigió a la población que entregara libros antiguos, antigüedades o **baratijas** que pudieran recordar al pasado. Lo que se buscaba con ello era generar un desprecio hacia el pasado para impedir que se volviera a él.

LA REVOLUCIÓN SOCIAL

El verdadero objetivo de Mao siempre había sido convertir a China en una utopía marxista. Las leyes que se aprobaron para lograrlo tuvieron un profundo impacto sobre la sociedad China.

El primer paquete de medidas fue encaminado a mejorar la situación de las mujeres y a equiparar sus derechos y su papel en la sociedad al de los hombres. Se introdujeron medidas como la institucionalización del divorcio, la abolición de la prostitución o la prohibición del matrimonio concertado y las **concubinas**, entre otras.

Se puso en marcha también un sistema para controlar los movimientos de la población en el interior del país. El objetivo de este sistema era evitar las migraciones masivas del campo a la ciudad. Esto dividió a la sociedad en dos grandes grupos: los trabajadores del campo y los trabajadores urbanos. Se impidieron los movimientos del primer grupo a las ciudades salvo excepciones.

La religión fue otro de los principales objetivos de la revolución social de Mao. El budismo, el confucionismo y el cristianismo quedaron terminantemente prohibidos. Esta política llevó a la persecución de grupos religiosos como los misioneros cristianos que se encontraban en el país.

El último pilar de la revolución social fue la lucha contra el analfabetismo. El Partido Comunista creó un método que facilitaba la escritura en chino para agilizar su aprendizaje. Casi el 85% de la población no sabía leer cuando Mao ascendió al poder. Sin embargo, este nuevo sistema mejoró esa cifra de forma efectiva y rápida.

LA GUERRA DE COREA

Durante esta época surgió un acontecimiento que puso a China en el foco internacional: la Guerra de Corea (1950-1953).

Japón había ocupado la península coreana en los años anteriores a la Segunda Guerra Mundial. En 1945, los japoneses fueron expulsados por grupos apoyados por EE.UU y la Unión Soviética. Al finalizar la guerra, estos dos grupos crearon una frontera en el paralelo 38, partieron a Corea en dos y generaron una parte en el norte y otra en el sur. Después se la repartieron (en principio temporalmente). Cada parte tenía su propio gobierno y, esos gobiernos, con diferencias ideológicas muy claras, sentían que tenían la razón frente a la otra parte.

Esto desembocó pronto en una guerra civil. Esta guerra se inició con la invasión por parte de Corea del Norte a su vecino del sur. La invasión fue apoyada por Stalin y la dirigió Kim II-sung. Seúl cayó pronto, pero la ONU aprobó una misión liderada por EE.UU para liberar las zonas ocupadas por los comunistas del norte. Esto provocó el retroceso del ejército norcoreano a sus fronteras.

Y aquí es donde entra en juego China. Mao movilizó un enorme ejército de voluntarios para apoyar a los comunistas norcoreanos. Después de una incursión del ejército de la coalición internacional en territorio extranjero, China atacó con sus tropas. El ejército de la coalición batió sin muchos problemas a los chinos al principio. Pero los aliados decidieron perseguir a sus enemigos adentrándose en el país enemigo y fueron emboscados. Se vieron obligados a huir al sur después de sufrir muchas bajas.

Después de ello, China ayudó a los norcoreanos a recuperar las posiciones perdidas en ese país. Finalmente, en 1953, se firmó un **armisticio** entre las dos Coreas. Esto supuso una gran victoria para Mao, que había conseguido derrotar a EE.UU., primera potencia mundial y enemigo número uno del comunismo. Con ello, China recuperó su posición como potencia militar mundial y primera fuerza del continente asiático. La figura de Mao se ensalzó como nunca antes.

LA REVOLUCIÓN ECONÓMICA

Mao había conseguido transformar la mentalidad del país en pocos años y volver a colocar a China en una posición internacional que llevaba siglos sin ocupar. Sin embargo, el país seguía estando atrasado. El próximo objetivo era industrializar China para sacarla de ese atraso. Para ello,

Mao copió el modelo de desarrollo ruso. En 1953 comenzó la revolución económica.

Este modelo se basó en poner todo el peso de la economía del país en un sector determinado durante cinco años. Con ello se buscaba desarrollar ese sector al máximo. El primer sector elegido fue la industria pesada. Empezaron a surgir fábricas, y la vida en la ciudad se desarrolló mucho. Sin embargo, todo ello quitó el foco del campo, donde aún vivía más del 80% de la población.

En pocos meses, el nivel de vida en China empezó a subir rápidamente. Aumentó la esperanza de vida, subieron los salarios en las fábricas, la producción de acero **se disparó**… Esto se logró con la colectivización. La colectivización significó el férreo control permanente por parte del Estado de todos los trabajadores del campo al servicio de la apuesta en la industrialización. A cambio a los trabajadores se les ofrecía una serie de servicios (ej. Sanidad, educación, comedores comunes, alojamiento). A pesar de ello, muchos campesinos vieron en la ciudad una oportunidad para progresar. De esta manera comenzó el éxodo rural, que se produjo a un ritmo **vertiginoso.**

EL GRAN SALTO ADELANTE

Tras la muerte de Stalin, la relación con la Unión Soviética se deterioró. La postura de Nikita Kruschev (nuevo líder de la URSS) con respecto a Stalin, llevó a Mao a ver al líder soviético como un elemento contrario al pensamiento revolucionario que inspiraba la revolución China. Muchos de los asesores y científicos mandados por la Unión Soviética para apoyar la revolución económica china dejaron el país. China se quedó sola, pero Mao estaba convencido de que el país seguiría creciendo a gran velocidad.

En 1958, Mao puso en marcha una serie de medidas destinadas a la colectivización absoluta de China. Así comenzó el proceso conocido con el nombre de: "El gran salto adelante". Ese año se nacionalizaron los terrenos de cultivo que habían sido expropiados en 1949, y se organizaron a los campesinos en comunas. Allí se vivía comunitariamente; la vida privada era prácticamente inexistente, y se ejercía un gran control sobre las actividades diarias. El objetivo de estas medidas era aumentar la producción de alimentos para **paliar** la escasez. Pronto, los supervisores de las comunas empezaron a competir entre ellos y a falsear las cuentas para ganarse el favor del Partido Comunista. Esto generó una distorsión que hizo que los campesinos apenas tuvieran comida que llevarse a la boca.

Otra de las medidas que se impusieron fue la obligación de entregar todo el acero que se poseyera al gobierno para contribuir al desarrollo industrial. Sin embargo, muchos de los objetos entregados no estaban hechos de acero, y el metal fundido resultante era de mala calidad. Muchos de esos objetos eran herramientas necesarias para labrar el campo. Además, para abastecer los hornos de fundición se talaron bosques enteros. Todo este proceso requería mucha mano de obra, por lo que el campo se desatendió aún más.

Por último, hubo otra serie de medidas para luchar contra "las cuatro plagas": cuatro especies de animales que el gobierno catalogó como poco higiénicas. Eran las moscas, las ratas, los mosquitos y los gorriones. Todo ciudadano debía acabar con la vida de estos animales. Esto, obviamente, tuvo consecuencias negativas en el equilibrio del ecosistema, lo que generó grandes plagas al año siguiente que acabaron con las cosechas.

LA GRAN HAMBRUNA

Toda esta combinación de factores provocó en 1959 "La gran hambruna". Fue la mayor catástrofe humanitaria de la historia de la humanidad. Se calcula que murieron de hambre alrededor de 46 millones de personas. Prácticamente todos eran campesinos.

Esto, como nos podemos imaginar, provocó un enorme caos y situaciones desesperadas. Sin embargo, el Partido Comunista reaccionó con hermetismo e impasibilidad. En las ciudades, la situación no era tan mala gracias al racionamiento. Sin embargo, Mao se negó a mandar alimentos a las zonas rurales. De hecho, ocurrió lo contrario. Se lanzó una campaña propagandística que hacía ver que **todo iba sobre ruedas**. Muchos políticos internacionales visitaron China en esos tiempos, y fueron engañados por el gobierno para disimular la crisis alimentaria. Tanto es así que en esa época China llegó incluso a donar alimentos a otras naciones comunistas para aparentar que no había ningún problema de escasez en el país.

LA REVOLUCIÓN CULTURAL

Esta situación provocó por primera vez críticas a Mao desde dentro del Partido Comunista. Las críticas fueron tan fuertes que Mao dimitió. Ya no sería el presidente de China, pero sí el jefe del partido.

El nuevo jefe de gobierno, Liu Shaoqi, trató de paliar los efectos de la gran hambruna frenando las exportaciones de comida e importando toneladas de grano. Gracias a esto y a una serie de leyes que iban en dirección contraria a las de Mao, se produjo una tímida recuperación económica durante los años 60. También se liberalizó el comercio con occidente.

Esto no sentó bien en la facción más conservadora del Partido Comunista. Mao y sus partidarios criticaron las contrarreformas. Esto provocó una guerra propagandística. Mao hizo un llamamiento al pueblo para levantarse contra estos "capitalistas en la sombra" y sus leyes. Los jóvenes, que habían sido adoctrinados por Mao, fueron los que respondieron. Estos jóvenes iniciaron un movimiento cada vez más violento contra el nuevo gobierno. Se les conoció con el nombre de los "Guardias Rojos". Se persiguió a políticos, periodistas, profesores, intelectuales, o a cualquier persona que pudiera ser considerada burguesa. El ejército, afín a Mao, apoyó este movimiento. Shaoqi y otros miembros del gobierno fueron apresados, exiliados, encarcelados o torturados.

Mao, de nuevo, volvió a ser idolatrado. Todo aquel que no llevara encima el "Libro Rojo" (un libro de citas de Mao), podía ser víctima de una **paliza**. Los Guardias Rojos recorrían el país tratando de imponer las ideas de Mao y de acabar con el pasado. Una vez más, se destruyeron artefactos, cuadros, reliquias familiares, tesoros nacionales, libros antiguos, y cualquier cosa que pudiera relacionarse con el pasado, etc. Pero esta vez de forma brutal y generalizada. Muchos niños llegaron incluso a denunciar a sus propios padres. La violencia envolvía a todo el país, destrozando gran parte del legado cultural chino. A este proceso se le conoció como la Revolución Cultural.

LA GENERACIÓN PERDIDA

Mao, ya sin oposición, volvió a tomar las riendas del país. Lo hizo hasta el día de su muerte. Al tomar de nuevo el poder, Mao llamó a la calma y puso fin a la Revolución Cultural. Sin embargo, la violencia de los Guardias Rojos no se iba a detener tan fácilmente. Durante años siguieron causando **estragos**.

Para **solventar** la situación, se obligó a muchos jóvenes nacidos en la ciudad a terminar su formación en el campo. 16 millones de jóvenes de entre 16 y 24 emigraron a zonas rurales. Los campesinos, a pesar de la propaganda, no recibieron con los brazos abiertos a los jóvenes. Muchos de esos jóvenes no pudieron volver nunca a sus hogares. A esta generación se la conoce en China con el nombre de "La generación perdida".

LOS ÚLTIMOS AÑOS DE MAO

Durante los siguientes años, ya entrando en la década de los 70, China comenzó a recuperarse poco a poco. Se realizaron avances militares (como conseguir la bomba atómica), la economía creció y el país lanzó su primer satélite.

Sin embargo, la sombra de la guerra volvió a caer sobre China. Un conflicto contra India hizo que Rusia se pusiera de parte de los indios. La relación entre las dos grandes potencias comunistas era tan mala en ese momento que a punto estuvo de estallar una guerra entre ellas. Mao veía ahora en Rusia una gran amenaza, más incluso que la de EE.UU. Esto, paradójicamente, llevó a Mao a acercarse a los americanos durante sus últimos años. Las relaciones mejoraron tanto que Mao y Nixon llegaron a reunirse para establecer la relación entre los dos países que aún se mantiene hasta la actualidad.

Durante sus últimos años, Mao delegó todas sus obligaciones a un grupo de políticos muy radicalizados que se negaron a cualquier intento de apertura exterior o modernización. Se les conoció con el nombre de "La banda de los cuatro". Su líder fue Jiang Qing, la esposa del propio Mao. Después de la muerte de Mao, estos líderes trataron de agarrarse al poder, pero no lo consiguieron. Todos terminaron siendo sentenciados a prisión tras reprimir violentamente varias manifestaciones.

El 9 de septiembre de 1976, Mao murió. El análisis de su legado es muy controvertido, pero su papel en el cambio radical que ha sufrido China en el siglo XX, para lo bueno y para lo malo, es indiscutible.

> *¿Sabías que...?*
>
> *Durante la gran hambruna se reportaron numerosos casos de canibalismo. La situación era tan desesperante que muchos padres llegaban a suicidarse para que sus hijos pudieran comérselos. Además, se exhumaron cadáveres para intentar aprovechar lo que quedaba de carne en los cuerpos. Los asesinatos por estos motivos también estaban a la orden del día.*

Vocabulary List

tortuoso tortuous
saca a relucir (he) brings up
(la) amargura grief
(las) baratijas trinkets
(las) concubinas concubines
(el) armisticio armistice
se disparó (it) shot up
vertiginoso vertiginous
paliar alleviate
todo iba sobre ruedas everything was running smoothly
(la) paliza beating
(los) estragos ravages
solventar resolve

8. LA REBELIÓN NO VIOLENTA DE GANDHI

- *La independencia de India del Imperio Británico se logró en forma de rebelión no violenta.*
- *Esa rebelión no violenta se basaba en la resistencia pacífica y en la desobediencia civil.*
- *Mahatma Gandhi fue la figura que **canalizó** estas tácticas y lideró el movimiento.*

En esta sección vamos a hablar del proceso de independencia de la India. A diferencia del resto de revoluciones que hemos ido viendo, la independencia india se logró sin violencia y sin guerra. Más bien al contrario. La figura central del movimiento de independencia indio es Mahatma Gandhi, que propuso una estrategia basada en las protestas no violentas y la desobediencia civil.

En un principio, Gran Bretaña intentó acabar con el movimiento independentista indio a través de la fuerza. Llevaban casi un siglo asentados en el país asiático y no querían renunciar a una de sus colonias más ricas y prestigiosas. Sin embargo, los ingleses no tardaron en entender que la represión violenta con rebeldes desarmados podría provocar graves perjuicios a su gobierno, además de dañar la imagen del país.

El camino no fue fácil. Hizo falta un largo proceso de resistencia pacífica y no colaboración con las autoridades británicas para que la ansiada independencia fuera un hecho. La emancipación de la India del imperio británico se produjo el 15 de agosto de 1947. A partir de entonces, lo que había sido **la joya de la corona** del imperio británico, pasaba de ser una colonia británica a ser dos estados independientes: la Unión India y el Estado de Pakistán. Tuvieron que pasar casi tres años más para que el proceso de independencia se completara. En 1950, el proceso de independencia de la India se finalizó por completo con la entrada en vigor de la constitución india.

Vocabulary List

canalizó (it) chanelled
la joya de la corona crown jewel

8.1 CONTEXTO HISTÓRICO

- *India pasó casi un siglo bajo el dominio británico. La relación entre los dos países era desigual, y los indios no contaban con los mismos derechos y libertades que los británicos.*

- *A raíz de la Revuelta de los Cipayos en 1857, comenzó a despertarse un sentimiento nacionalista indio que estaba liderado por el Congreso Nacional Indio.*

- *La participación de la India en la Primera Guerra Mundial puso de manifiesto el esfuerzo que estaba haciendo la colonia por su metrópoli, y avivó las ansias de libertad e independencia.*

La región de la India es un punto de paso estratégico entre Oriente Medio y el Lejano Oriente. Es, además, una región de gran diversidad geográfica y natural, rica en recursos y con un legado cultural antiquísimo y muy valioso. Esto ha convertido a la India en un lugar deseado por muchos. A lo largo de la historia el subcontinente indio ha sufrido un gran número de invasiones y ocupaciones extranjeras.

Los europeos llegaron a la zona hacia el final del siglo XV. En esa época, India era un mosaico de reinos, provincias, culturas, religiones, lenguas, razas y castas. Era un país próspero, lleno de riquezas y recursos naturales. A principios del siglo XVI, gran parte del país pasó a estar gobernado por los emperadores mogoles de Delhi.[18]

---

[18] Los emperadores mogoles eran los gobernantes del imperio mogol. Este imperio se extendía a lo largo de gran parte del subcontinente indio (las actuales India, Pakistán, Afganistán y Bangladesh).

LA LLEGADA DE LOS BRITÁNICOS

A lo largo de ese siglo, los ingleses llegaron al subcontinente porque estaban atraídos por el comercio de especias. A partir de 1600, muchos mercaderes ingleses se agruparon en la Compañía de las Indias Orientales. Esta Compañía servía para defender los intereses de esos comerciantes. La Compañía de las Indias Orientales creó fábricas y puestos comerciales a lo largo del litoral indio. Además, desarrolló un ejército propio. Esta fue la vía de entrada de los ingleses en el país. En vez de a través de una invasión, los británicos consiguieron el control de la India por medio de los negocios.

A Gran Bretaña pronto se le quedó corto el lucrativo comercio con especias, quería más. En vez de disfrutar de una pequeña parte de la riqueza de la India, creía que podía obtener una ganancia mucho más numerosa de la que tenía. La palabra "imperio" cada vez se escuchaba más en las bocas inglesas.

Los británicos ganan terreno

La Compañía de las Indias Orientales tenía su base en Bengala, al noreste del país. Después de la victoria británica frente a los portugueses en 1615 en la Batalla de Swally, la Compañía puso fin al monopolio portugués en la India. Ahí comenzó el verdadero ascenso del poder británico en el país. Ese poder **se apuntaló** convenciendo al emperador mogol para que les concediera derecho a comerciar en todo el país.

Sin embargo, el debilitamiento del poder mogol a lo largo del siglo XVIII, y la tradicional división política del país brindó una oportunidad de oro a los británicos para aumentar su cuota de control en la India. En 1757 —tras la batalla de Plassey frente al nawab de Bengala[19] y sus aliados franceses— los británicos ampliaron su influencia y su control sobre muchos estados semi-independientes indios.

Al pueblo indio esto no le suponía un gran cambio. Simplemente había reemplazado unos señores por otros. Esto explica que la ocupación británica, al principio, no generase gran revuelo ni tuviera que hacer frente a mucha resistencia. Las altas clases indias (gobernantes, élites comerciales, terratenientes, etc.) tampoco se opusieron al dominio inglés, ya que los británicos respetaron gran parte de sus privilegios.

La actitud británica en la India

El gobierno británico en la India fue de carácter paternalista. En el ámbito comercial, establecieron la relación típica entre colonia y metrópoli: la India era exportadora de materia prima e importadora de los bienes británicos.

En cuanto al ámbito social y político, los ingleses adoptaron una posición de superioridad frente a los indios. Impulsaron importantes obras públicas en el país como la expansión del ferrocarril o la creación de universidades para las élites indias. También abrieron su ejército a los nativos (aunque

---

[19] El nawab de Bengala era el gobernante de las regiones de Bengala, Bihar y Orissa en el siglo XVIII. El título de *nawab* es comparable a lo que sería un gran duque o virrey en Europa.

los indios siempre ejercían posiciones secundarias). Sin embargo, los ingleses veían a los indios como un pueblo que necesitaba ser dirigido, que era incapaz de gobernarse por sí mismo y que tenía una cultura que le impedía adoptar los beneficios de la modernidad. Esto llevó a que los británicos se reservasen los mejores empleos y los puestos de autoridad. En muchos de sus clubes se prohibía la entrada a los indios. De hecho, en gran parte de las ocasiones los indios no eran tratados por los británicos de igual a igual, sino más bien como simples sirvientes.

Poco a poco, los indios se hartaron de esta situación.

LA REVUELTA DE LOS CIPAYOS

A lo largo de los años, surgieron algunas pequeñas revueltas agrarias y tribales que se oponían a la dominación británica. Los ingleses contaban con un poderío militar y una tecnología muy desarrollada. Además, aprovechaban muy bien la división política para provocar enfrentamientos entre tribus o facciones políticas rivales. Utilizando estas tácticas y su fuerza militar, no tardaron en sofocar las pequeñas revueltas y los focos de resistencia que iban surgiendo.

En 1857, la cosa empezó a ponerse más seria. La Revuelta de los Cipayos de 1857 fue la que verdaderamente despertó el orgullo nacional y encendió la chispa del movimiento independentista indio. Durante esta revuelta, los cipayos —que eran los soldados indios del ejército británico— se alzaron contra sus generales. El creciente descontento contra la ocupación inglesa, unido a la discriminación que sufrían los soldados indios con respecto a los soldados europeos, son algunas de las causas profundas de la revuelta.

La rebelión fue aplastada por las tropas inglesas sin miramientos. Las cifras de muertos durante este conflicto son dispares según la fuente. Las cifras oficiales las cuentan por decenas de miles. Otras, las cuentas por cientos de miles. Algunas, incluso, por millones, contando con las desapariciones posteriores a la rebelión. La polémica aún sigue sin resolverse a día de hoy. En cualquier caso, el resultado de la rebelión fue el desmantelamiento de la Compañía de las Indias Orientales. India pasó a ser administrada directamente por el gobierno y la Corona británica. Después de finalizar el conflicto, los indios recibieron la promesa de que todos los súbditos de la Reina Victoria serían tratados por igual. Sin embargo, esa promesa no se cumplió.

LOS INDIOS DESPIERTAN

La Rebelión de los Cipayos inspiró la lucha por la independencia en la siguiente generación de indios. Empezaron a surgir un gran número de organizaciones que demandaban la autodeterminación del país, y más libertades y derechos para los indios.

Debemos recordar que miles de indios se habían ido a formar a las universidades británicas. Allí habían aprendido los principios del liberalismo, y querían verlos aplicados en su propio país. Esto hizo que cada vez más personas —incluyendo personalidades cada vez más importantes— se decidieran a crear plataformas políticas para realizar estas demandas. Así nació el Congreso Nacional Indio en 1885.

Este movimiento jugó un papel fundamental en la independencia del país, sobre todo tras la aparición de Mahatma Gandhi. Como veremos en mayor detalle más adelante, Gandhi consiguió atraer al pueblo al movimiento. Antes, el Congreso Nacional se había limitado a ser un movimiento intelectual que no conectaba con las clases populares. Tampoco supo atraerse el apoyo de los sectores musulmanes. Esto último era importante porque había un gran número de seguidores de esta religión en la India, y su influencia sobre el funcionamiento del país era destacada.

Esto, unido a que los británicos ignoraron las moderadas demandas del Congreso, hizo que muchos indios pensaran que era necesario un enfoque más radical. Así, empezaron a surgir organizaciones que se decantaron por el uso de la fuerza y de la violencia.

Algunas voces influyentes contribuyeron a expandir la conciencia nacionalista en la India. Grupos socio religiosos como el Brahmo Samaj o el Arya Samaj, y nombres como el del poeta Rabindranath Tragore son buenos ejemplos.

En este clima reformista empezaron a surgir líderes como Bal Gangadhar Tilak, Bipin Chandra Pal, Lala Lajpat Rai, que empujaron por el autogobierno indio y la libertad. Sus ideas nacionalistas influenciaron a miles de indios, aunque al final fueron expulsados del Congreso por abogar por la violencia y los disturbios.

BENGALA SE ROMPE

Lord Cuzon, el gobernador general de Bengala, decretó la partición de la región en 1905. Lo hizo bajo el pretexto de facilitar la administración y el gobierno de un territorio tan extenso, y para apaciguar los conflictos existentes entre musulmanes e hindúes en la zona.

Los nacionalistas indios vieron en esto un intento de frenar el movimiento nacionalista y crear discordia entre hindús y musulmanes. Empezaron a surgir importantes protestas en contra de la iniciativa de Lord Cuzon y, en general, contra el poder imperial británico. La gente salió a la calle por miles, se boicotearon cientos de productos ingleses y surgieron numerosos periódicos y artículos revolucionarios.

En 1911 el gobierno británico se vio obligado a volver a unir Bengala. Sin embargo, poco después volvió a realizarse otra partición basada en las lenguas habladas en cada zona.

LA LIGA MUSULMANA

En paralelo a estos acontecimientos, empezó a surgir la Liga Musulmana. El origen de este partido político fue una conferencia educativa impulsada por el filósofo y reformista musulmán Syed Ahmed Khan. La Conferencia se reunía anualmente desde 1886 para discutir acerca de métodos para mejorar la educación de los indios musulmanes, y otra clase de cuestiones

En 1906, en una de esas reuniones, se decidió crear el partido político con el nombre de la Liga Musulmana. El partido tenía como principal objetivo lograr la igualdad de derechos para los ciudadanos musulmanes indios. Sin embargo, poco a poco, empezaron a propagar la teoría de que el Congreso Nacional Indio tenía intereses pro-hindúes y que no sería capaz de asegurar la igualdad de derechos para la comunidad musulmana.

Esto contribuyó a que se empezara a contemplar la idea de crear un estado musulmán independiente. Ese estado fue Pakistán.

INDIA Y LA PRIMERA GUERRA MUNDIAL

El papel de India en la Primera Guerra Mundial puso de manifiesto el enorme sacrificio que estaba haciendo el país por su metrópoli. La contribución de India al esfuerzo bélico británico fue enorme. Más de un millón y medio de indios de diferente procedencia, raza y religión se alistaron a la Fuerza Expedicionaria Británica. Esta Fuerza luchó en el frente occidental, en el este de África, en Mesopotamia, en Egipto y en Gallipoli. Más de 50,000 de estos hombres murieron en combate. Alrededor de 65,000 resultaron heridos. Y más de 10,000 desaparecieron. También murieron un centenar de enfermeras indias.

Pero el esfuerzo bélico indio no se limitó al envío de hombres y mujeres a la guerra. También **aprovisionaron** al ejército británico con cientos de miles de animales, toneladas de suministros, munición e incluso préstamos de dinero equivalentes a alrededor de 2 billones de libras.

Todo ello, sumado a la creciente popularidad del movimiento nacionalista, hizo que el pueblo indio tuviera cada vez más claro que tenía derecho a decidir sobre su futuro y dejar de ser tratados como ciudadanos de segunda clase.

> *¿Sabías que...?*
>
> *Las causas profundas que explican la Revuelta de los Cipayos son complejas y vienen de muy atrás. Sin embargo, el detonante fue un incidente religioso bastante simple. Los nuevos rifles que habían introducido los ingleses (los Enfield P-53) usaban cartuchos fabricados con grasa de cerdo y de vaca. Los soldados solían tener que morder los cartuchos para cargar los rifles. Muchos de ellos eran musulmanes e hindúes, y su religión les impedía llevarse la carne de estos animales a la boca. Muchos de ellos pensaban que esa acción tenía como objetivo convertirles al cristianismo.*

Vocabulary List

se apuntaló (it) fortified
aprovisionaron (they) supplied

8.2 GANDHI Y LA INDEPENDENCIA DE INDIA

- *Gandhi fue un abogado y activista político que se convirtió en una figura central en el movimiento independentista indio.*
- *Su estrategia se basaba en la "satyagraha", filosofía que se basaba en la resistencia pasiva, la no violencia y la desobediencia civil.*
- *El liderazgo de Gandhi contribuyó enormemente a que el Imperio Británico concediera la independencia a la India en 1947.*

Gandhi no es un personaje cualquiera. Su nombre es uno de los más conocidos y famosos del planeta. Es una de esas personas que se quedan en la mente de la gente incluso con el paso de las generaciones. Muchos lo consideran el padre de la India. Pero no solo eso, es uno de los referentes más importantes del modelo político de la resistencia pacífica y la no-violencia. Este modelo ha inspirado y sigue inspirando un gran número de movimientos sociales internacionales. Para muchos, Gandhi es una referencia cuyo legado es inmortal.

En este capítulo hablaremos un poco de quién era este hombre, cuál fue su enfoque, y cómo contribuyó a que la

India lograra independizarse después de casi un siglo de Raj Británico.

LOS ORÍGENES DE GANDHI

Mohandas Karamchand Gandhi (1869-1948) nació en Porbandar, en la región india de Guyarat. Su familia formaba parte de la élite india. Su padre había sido Diwan (una figura parecida a la de primer ministro) en el Estado de Porbandar. Todo ello permitió al joven Gandhi una infancia acomodada y una educación privilegiada.

Tras una adolescencia marcada por su **matrimonio convenido** a los trece años, Gandhi abandonó la India para estudiar derecho en Londres. A los 24 años, ya convertido en abogado, Gandhi se mudo a Natal, una colonia británica situada en el sudeste de África.

Corría el año 1893. Natal contaba con miles de indios entre su población. El trabajo de esos indios había contribuido a hacer de esa colonia un lugar próspero. Sin embargo, el trato discriminatorio —tanto formal como informal— hacia las personas de origen indio era algo muy extendido en Natal. Gandhi observó este trato discriminatorio y lo vivió **en sus propias carnes** durante su estancia allí.

LA ESTRATEGIA DE LA *SATYAGRAHA*

En 1894, las autoridades de Natal **privaron** a los indios del derecho a voto. A partir de ese momento Gandhi comenzó su camino como activista político. Ese año fundó el Partido Indio del Congreso de Natal. A través de este partido logró unir a la comunidad hindú sudafricana y denunciar a la prensa las violaciones de derechos civiles y la discriminación que sufrían sus compatriotas.

Al principio, Gandhi creyó que la mejor estrategia para lograr que los indios fueran ciudadanos de pleno derecho en Natal era colaborar con las autoridades británicas. De esta manera, Gandhi sugirió que los ciudadanos de origen indio debían participar en la Guerra de los Boers[20] del lado del bando británico. Muchos indios se presentaron como voluntarios en apoyo a las tropas británicas. Sin embargo y a pesar de ello, su situación al acabar el conflicto no mejoró.

Todo ello llevó a Gandhi a cambiar de estrategia. A lo largo de los siguientes años, Gandhi comenzó a organizar la resistencia india en la región. Lo hizo combatiendo la legislación discriminatoria en los tribunales y liderando grandes protestas contra el gobierno colonial. Gandhi animaba a sus compatriotas a manifestarse de forma pacífica y a no colaborar con las autoridades coloniales. Esta lucha basada en la resistencia pasiva y la desobediencia civil se asentaba en los principios de lo que Gandhi llamó *"satyagraha"* (que puede traducirse del sánscrito como algo parecido a "abrazo de la verdad").

---

[20] La Guerra de los Boers fue un conflicto armado que tuvo lugar en Sudáfrica entre 1899 y 1902, y que enfrentó al imperio británico y a los colonos sudafricanos de origen neerlandés.

Aunque las protestas se reprimieron, las acciones impulsadas por Gandhi obligaron a uno de los generales sudafricanos, Jan Smuts, a negociar una solución con el líder indio. Muchos prisioneros políticos indios fueron liberados y se dieron pasos importantes hacia el reconocimiento de la minoría india como ciudadanos de pleno derecho.

EL REGRESO A LA INDIA

Los éxitos cosechados por Gandhi en Sudáfrica llamaron la atención en la India. Uno de los principales líderes del Congreso Nacional Indio en ese momento, Gopal Krishna Gokhale, pidió a Gandhi que regresara y se uniera a las filas de ese partido.

En 1915 Gandhi regresó a la India, se unió al partido y empezó a divulgar los principios de la *satyagraha* alrededor del país. Durante los siguientes años, Gandhi participó en varias protestas no violentas a lo largo de la India. Una de las más importantes tuvo lugar en las regiones de Champaran y Jeda en 1918, donde los campesinos eran obligados a cultivar índigo (que se utilizaba para elaborar tinte y venderlo a bajo precio) en vez de alimentos.

Solo un año después, en 1919, los británicos promulgaron una ley que otorgaba plenos poderes a la autoridad británica en ciertos casos de emergencia y limitaba la libertad de los indios. Esta ley permitía a los ingleses, por ejemplo, encarcelar a los revolucionarios sospechosos sin necesidad de juicio. La ley llegaba en un momento especialmente malo, porque la Primera Guerra Mundial acababa de terminar, los indios tenían muy presente el esfuerzo bélico que habían hecho, y esta ley estaba muy lejos de satisfacer sus reivindicaciones civiles. De hecho, más bien, iba en dirección contraria.

La matanza de Amritsar

Todo ello generó un importante foco de resistencia en la ciudad de Amritsar, en la región del Punyab. Las protestas pacíficas fueron brutalmente reprimidas por el ejército británico. Durante 10 minutos, las tropas del comandante británico Reginald Dyer dispararon contra una multitud desarmada. Más de 400 personas perdieron la vida y más de mil resultaron heridas. A este evento se le conoció con el nombre de "La matanza de Amritsar", y marcó un punto de inflexión en las relaciones entre Reino Unido e India.

La marcha de la sal

Gandhi condenó los acontecimientos de Amritsar. Después de la matanza, Gandhi multiplicó el número de manifestaciones no violentas y las huelgas de hambre para lograr una mayor autonomía de los británicos. Además, llamó a la desobediencia civil, organizó protestas masivas, e impulsó el boicot de numerosos productos ingleses.

Dentro del Congreso Nacional Indio se empezaron a alzar voces que proponían una respuesta más agresiva, con sublevaciones armadas para expulsar a los británicos. Gandhi insistió en el camino de la no violencia. Para este momento Gandhi ya se había convertido en todo un icono nacional, y su influencia era más y más grande.

En 1930 tuvo lugar "La Marcha de la Sal". Fue una campaña de desobediencia civil impulsada por Gandhi que tenía como objetivo el impuesto sobre la sal, que era un monopolio británico. Además de animar a sus compatriotas a resistirse a pagar el impuesto sobre este producto, organizó una larga marcha de 390 km desde su retiro religioso cerca de Ahmedabad hasta la costa del Mar Arábigo. Alrededor de 60,000 personas fueron arrestadas durante esta marcha, incluido el mismo Gandhi.

El movimiento 'Quit India'

El paso por la cárcel de Gandhi aumentó más su fama. Después de su excarcelación, Gandhi continuó negociando con los británicos la autonomía de la India, pero sin éxito. También empezó a impulsar protestas sociales como aquellas contra la discriminación de la casta más baja de la India —los "intocables"—.

Como las peticiones de autonomía eran ignoradas sistemáticamente por los británicos, Gandhi decidió llevar la lucha un paso más allá. Intensificó sus propuestas y creó el movimiento 'Quit India'. Este movimiento tuvo lugar durante la Segunda Guerra Mundial, y buscaba ya una independencia completa, exigiendo que los ingleses se retiraran del país. Fue la campaña más agresiva liderada por Gandhi y el Congreso Nacional Indio. En agosto de 1942 Gandhi fue arrestado de nuevo, y pasó dos años preso.

Esto produjo enormes manifestaciones y protestas a lo largo de todo el país. Hacia finales de 1943 los británicos empezaron a insinuar que transferirían el poder completamente a los indios al finalizar la guerra. Tras su liberación en 1944, Gandhi suspendió la lucha pacífica y consiguió que liberasen a unos 100,000 simpatizantes que habían sido arrestados, así como gran parte de la dirección de su partido.

INDEPENDENCIA Y MUERTE

El Reino Unido había empezado a elaborar los planes para retirarse de la India. Sin embargo, el proceso de independencia no fue tan sencillo. Gandhi, y otros líderes prominentes del Congreso Nacional Indio como Jawaharlal Nehru —que más tarde se convirtió en Primer Ministro de la India— desconfiaban de compartir el poder con la Liga Musulmana. Pero a la vez, se oponían a la idea de partir el subcontinente indio en dos estados en base a la religión.

La tensión entre hindúes y musulmanes aumentó, y entre 1946 y 1947 se produjeron una serie de enfrentamientos y disturbios que dejaron un gran número de víctimas mortales. Empezó a surgir el temor de que estallara una guerra civil. Gandhi intentó calmar los rencores entre sus compatriotas. Sin embargo, las negociaciones terminaron por definir que la mejor solución para evitar un conflicto violento era aceptar la partición.

En agosto de 1947 el Parlamento Británico aprobó la Ley de Independencia de la India. India, por fin, había logrado ser un país libre y democrático. A su vez, Pakistán fue declarada una nación independiente.

Tras la independencia de su país, Gandhi continuó tratando de traer paz entre hindúes y musulmanes. Sin embargo, no vivió para ver cómo su país se convertía efectivamente en una nación independiente. El 30 de enero de 1948 Gandhi fue asesinado por un extremista hindú cuando se dirigía a una reunión religiosa. Apenas dos años más tarde, la Constitución India entró en vigor. India, después de casi un siglo de dominio británico, se regía por sus propias normas.

> *¿Sabías que...?*
>
> *Rabindranath Tagore, un famoso poeta y filósofo indio contemporáneo de Gandhi, le otorgó el título de "Mahatma" en 1914. Este título quiere decir "el venerable" o "alma grande" en sánscrito. Tagore fue el primer escritor asiático galardonado con el Premio Nobel de literatura, y su visión y su obra tuvieron una gran influencia sobre la mentalidad y la filosofía de Gandhi y otros activistas políticos no violentos indios.*

Vocabulary List

(el) matrimonio convenido marriage of convenience
en sus propias carnes directly
privaron (they) took (something) away from (someone)

9. OTRAS REVOLUCIONES

- *Hay muchas revoluciones más a lo largo de la Edad Contemporánea, pero no podemos hablar de todas.*
- *Hemos elegido hablar resumidamente de tres más: las revoluciones liberales del S.XIX, la Revolución de Haití y la Revolución Iraní.*
- *Otras revoluciones como la revolución mexicana, la revolución cubana, o la revolución libia, también son muy interesantes.*

En este libro no podemos entrar en detalle en todas las grandes revoluciones de la historia moderna. Hemos hablado de algunas de las más famosas y significativas, pero hay muchas más que también son muy importantes e interesantes. En esta sección vamos a hacer un repaso rápido de algunas revoluciones más que también merece la pena mencionar. Seguiremos sin poder mencionarlas todas, pero al menos daremos una visión general de unas pocas más que fueron importantes.

Hablaremos de las revoluciones sociales del S. XIX, que surgieron con el poder absolutista que se había restaurado en Francia y en otros países de Europa, y contra el creciente poder de la burguesía. La revolución haitiana, que supuso el primer movimiento independentista latinoamericano y consiguió la abolición de la esclavitud por primera vez en un país no europeo. Y la revolución iraní, que significó la instauración de una república islámica basada en principios religiosos.

Además de ellas, hay otras revoluciones que también tuvieron una gran importancia en su tiempo —e incluso hasta la actualidad—. Algunos ejemplos son la revolución mexicana, la revolución cubana o la revolución libia.

9.1 LA REVOLUCIÓN DE HAITÍ

- *Haití fue una próspera colonia francesa con un gran número de esclavos.*
- *Después de la revolución francesa, empezó a surgir un movimiento independentista y antiesclavista en la isla que estuvo liderado por un antiguo esclavo llamado Toussaint.*
- *En 1804, dos años después de derrotar a los franceses, Haití proclamó su independencia. Sin embargo, Francia no la reconoció hasta dos décadas más tarde.*

La primera revolución de la que hablaremos en este bloque es la revolución de Haití. Tuvo lugar entre 1792 y 1804. Haití fue la primera colonia de América Latina que **rompió lazos** con su metrópoli. Esta revolución fue, además, una de las más radicales del movimiento independentista latinoamericano, de modo que la utilizaremos como símbolo y referencia para el resto de revoluciones que buscaban liberarse del poder colonial en este continente.

¿CÓMO ERA HAITÍ?

Haití era una isla en las Antillas en la que habitaba el pueblo taíno. Fue uno de los primeros lugares a los que llegó Colón tras su llegada a América en 1492. La isla fue dividida en dos por el poder colonial español y el poder colonial francés. Fue bautizada por los colonizadores con el nombre de Santo Domingo.

Hoy, Haití es uno de los países más pobres y conflictivos del mundo. Pero esto no siempre fue así. En tiempos coloniales, Haití era una de las colonias más prósperas del imperio colonial francés. Era uno de los principales exportadores de café y de azúcar del mundo (entre otros productos), y la isla se convirtió en un lugar floreciente. Otra de las bases de la economía haitiana era el comercio esclavista. De hecho, durante el último tercio del S. XVIII se convirtió en el mayor mercado para el comercio de esclavos del mundo.

Para 1789, en Haití había alrededor de 500,000 esclavos, y unos 30,000 colonos. Solo unos 5,000 de esos colonos formaban la élite de propietarios de las plantaciones en las que trabajaban los esclavos. Por debajo de los colonos estaba la *"gente de color"*; mulatos y negros (que formaban una clase social a parte, eran libres y, en algunos casos, podían llegar a ser propietarios de tierras, pero tenían los derechos restringidos). Había unos 35,000 de ellos. Las desigualdades sociales en la colonia eran enormes. La élite dirigente y los grandes propietarios eran europeos o **criollos** que gobernaban con mano dura para evitar posibles rebeliones.

En la base de la pirámide, los esclavos, eran tratados con gran severidad e incluso, en muchas ocasiones, con crueldad. Muchos de ellos trataban de huir a las montañas. Estos eran conocidos con el nombre de los cimarrones, y algunos trataron de organizar los primeros focos de resistencia contra el poder colonial a mediados del siglo XVIII.

LA INFLUENCIA DE LA REVOLUCIÓN FRANCESA

Sin embargo, el acontecimiento que verdaderamente marcó el inicio del movimiento independentista haitiano fue la Revolución Francesa. Las ideas de libertad, igualdad y fraternidad pronto cruzaron el Atlántico y llegaron al continente americano.

Al principio, los principales beneficiados de los cambios que trajo la revolución fueron los grandes propietarios, que buscaban más libertad de comercio y autonomía política. Para la *"gente de color"* —que reclamaban igualdad de derechos—, y para los esclavos —que reclamaban libertad— la situación no había cambiado.

Las primeras revueltas del movimiento independentista haitiano tuvieron lugar en 1790, y fueron lideradas por mulatos y criollos. Sin embargo, los colonos y las autoridades de la isla reprimieron con dureza estas revueltas y ejecutaron **atrozmente** a sus líderes. Algunos de ellos se convirtieron en auténticos símbolos de las injusticias cometidas por los colonos europeos en Haití.

La Revolución Francesa también trajo el debate sobre la abolición de la esclavitud. Por supuesto, los colonos se oponían a ella, ya que supondría una importante pérdida de poder y de rentabilidad en sus negocios. Sin embargo, en Francia —al igual que en otros países europeos como Gran Bretaña—, cada vez se alzaban más voces contra la esclavitud. Era evidente que los principios de la Revolución

Francesa iban en dirección contraria a los principios esclavistas.

LA LUCHA POR LA INDEPENDENCIA

La Revolución de Haití fue, a la vez, un proceso independentista y un proceso abolicionista. El líder principal de la revolución fue François Dominique Toussaint. Era un hijo de esclavo que había sido liberado por su amo en 1776. Era un hombre instruido, con grandes dotes de mando y carisma. Había sido bautizado en el catolicismo, y se oponía a los ritos del vudú, muy extendidos entre los haitianos.

En 1791 estalló una revuelta de esclavos en el norte de la isla. Toussaint se unió a los rebeldes. En poco tiempo, Toussaint se convirtió en el líder de los sublevados. A su mando había unos 6,000 hombres armados con hachas, machetes, palos, cuchillos y algunas carabinas. Avanzaron a través del noroeste del país quemando plantaciones, destruyendo fincas, y matando propietarios con el objetivo de liberar a los esclavos. Los esclavistas declararon la guerra total a los negros, fueran o no esclavos. Esto hizo que el movimiento independentista y antiesclavista empezara a ganar más y más popularidad.

Tras la decapitación de Luis XVI por los revolucionarios franceses, estalló la guerra entre Francia y España. Toussaint propuso a los suyos trasladarse a la colonia española vecina,

Santo Domingo, y ponerse bajo la bandera del monarca español Carlos IV. Allí recibieron instrucción militar. Las autoridades españolas ofrecieron la libertad a todos los haitianos que pisaran suelo español. La guerra entre Francia y España se alargó hasta 1795, y para entonces Toussaint ya era el líder indiscutible del movimiento independentista haitiano.

Un año antes, en 1794, la Asamblea Nacional francesa —atendiendo a los principios de la Declaración de Derechos del Hombre y del Ciudadano de 1793—, abolió la esclavitud en todos los territorios coloniales franceses. Era la primera vez que un país europeo tomaba esta decisión. Los haitianos eran libres, pero seguían bajo el dominio francés, ya que los franceses abolieron la esclavitud pero no renunciaron al dominio de esos territorios.

Durante la época del Directorio (1795-1799), la Asamblea Nacional francesa mandó a dos comisarios a Haití para convencer a los revolucionarios de que colaborasen con ellos prometiendo a cambio la autonomía de la isla. Haití vivió unos años de recuperación económica en la que se volvió a fomentar la agricultura, se abrieron escuelas y se trató de mejorar la relación con los rebeldes.

Los colonos, contrarios a la independencia, la libertad y a la igualdad de todos los ciudadanos de Haití, se sintieron traicionados por París y pidieron ayuda a los británicos. Toussaint, después de años de combate, consiguió expulsar a los ingleses en 1798. También había derrotado a los españoles (habían surgido enemistades con ellos porque seguían comerciando con esclavos en Santo Domingo). De esta manera, el liberto haitiano consiguió el control de toda la isla.

Para entonces, Haití, oficialmente, seguía bajo soberanía francesa; pero, en la práctica, era una colonia casi independiente. En 1801, Toussaint promulgó una constitución que le convirtió en gobernador perpetuo de Haití. Napolón, que acababa de conseguir el poder en Francia, no estaba dispuesto a tolerar esto. En 1802, mandó un contingente francés de 35,000 hombres al mando del general Charles Leclerc a la isla para acabar con la resistencia de Toussaint y los suyos. Los franceses aplastaron a los rebeldes, y su líder fue arrestado y deportado a Francia, donde murió en prisión al año siguiente.

LA NUEVA REPÚBLICA DE HAITÍ

Unos meses más tarde, en octubre de 1802, los franceses reintrodujeron la esclavitud en otra isla del Caribe: Guadalupe. Los libertos y los negros haitianos sospechaban que los franceses pretendían hacer lo mismo en su isla. Esto llevó a un nuevo alzamiento. Los franceses mandaron a un nuevo contingente de otros 35,000 soldados para acabar con la insurrección, esta vez al mando del general Rochambeau (Leclerc había muerto de fiebre amarilla).

Jean-Jacques Dessalines (otro antiguo esclavo) se convirtió

en el nuevo líder del movimiento independentista haitiano, y logró derrotar a los franceses, haciéndoles firmar un armisticio.

El 1 de enero de 1804 se proclamó la independencia de Haití. Este nombre, *"Haiti"*, era el que habían dado a la isla los indios caribes antes de la llegada de los españoles en el siglo XV. Francia, sin embargo, no reconoció la independencia del país hasta 1824. A cambio, los haitianos debían pagar indemnizaciones a los antiguos dueños de las plantaciones de la isla. En el resto de colonias francesas, los esclavos tuvieron que esperar hasta la revolución de 1848 para lograr su libertad.

¿Sabías que...?

*Según la propaganda de los esclavistas, la revuelta de 1791 que dio lugar a la guerra entre esclavistas y esclavos en Haití tuvo su origen en una ceremonia de vudú. Esa ceremonia tuvo lugar en una de las plantaciones del norte del país, y en ella los esclavos quizá **se habían conjurado** para librar una batalla a muerte contra los colonos. La mayoría de los historiadores, a día de hoy, coinciden en que quienes se reunieron eran hijos de esclavos con un cierto nivel de cultura y que estaban bien informados de los acontecimientos de la Revolución Francesa.*

Vocabulary List

rompió lazos (it) broke up with
(los) criollos creoles
atrozmente atrociously
se habían conjuardo (they) had conspired

9.2 LAS REVOLUCIONES LIBERALES DEL S.XIX

> - *Después de la Revolución Francesa, el Antiguo Régimen volvió a restaurarse en Francia y en otros países europeos.*
> - *Esto provocó una serie de oleadas revolucionarias entre 1830 y 1848 que estallaron en Francia y se extendieron a diversos países europeos.*
> - *El principal impulsor de la revolución de 1830 fue la burguesía, mientras que la revolución de 1848 fue liderada por los nacionalistas, donde se unían el pueblo y la clase obrera.*

A principios del S. XIX, el Antiguo Régimen y el absolutismo habían vuelto a ser restaurados en gran parte de Europa. Sin embargo, la influencia de la Revolución Francesa no se había olvidado del todo. Entre los años 1830 y 1848 surgieron una serie de movimientos revolucionarios que volvieron a levantarse contra las estructuras del Antiguo Régimen. Francia, en ambos casos, fue protagonista. En algunos países, estos movimientos lograron poner fin al absolutismo.

LAS REVOLUCIONES DE 1830

La primera gran oleada revolucionaria del S. XIX tuvo lugar en 1830. Tuvo su origen en Francia, aunque se extendió por otros países europeos como Bélgica, Polonia, Rusia, Italia o

Alemania.

Las principales razones que explican la explosión de estas revueltas son la serie de malas cosechas y hambrunas que se dieron entre los años 1829 y 1830 en Europa. Los que más sufrieron fueron las clases bajas. Sin embargo, fue la alta burguesía la que dirigió estos movimientos revolucionarios. Esa alta burguesía supo aprovechar las rebeliones violentas del pueblo llano contra el Antiguo Régimen. Pero cuando las revueltas tenían éxito y conseguían cambiar el poder de manos, la burguesía se centraba en sus propias reivindicaciones, olvidándose de la situación y los derechos de las clases más bajas.

En Francia, la revolución estalló cuando subió al trono Carlos X, un rey muy conservador que defendía el Antiguo Régimen y no tenía en cuenta los intereses de la burguesía. Carlos X era el hermano de Luis XVIII, el primer rey absolutista de la restauración francesa, que llegó al trono tras el destierro de Napoleón Bonaparte. La actitud y el talante de Carlos X hicieron que la llama de la revolución volviera a encenderse en Francia. La revolución consiguió expulsar a Carlos X y poner a Luis Felipe de Orleans en su lugar. En un principio, el nuevo rey aceptó instaurar una monarquía parlamentaria y concedió muchas libertades y derechos a la burguesía y al pueblo (libertad de prensa, sufragio amplio, etc.). Sin embargo, pocos años más tarde, una nueva serie de malas cosechas provocó nuevas revueltas. El gobierno francés reprimió duramente a los rebeldes, y suprimió o restringió muchas de las libertades y derechos concedidos.

En los Países Bajos (Holanda) la revolución de 1830 supuso la independencia de Bélgica. Con el nuevo rey belga, Leopoldo de Sajonia, se estableció una monarquía parlamentaria y se promulgó una constitución que estableció que todos los belgas eran iguales ante la ley. El sufragio, sin embargo, al igual que ocurrió en Francia, quedó limitado a las clases adineradas.

En Polonia, Rusia, Alemania e Italia también hubo intentos de revolución, pero estos no lograron deponer el Antiguo Régimen en sus países. Sin embargo, las revueltas en esos países **no cayeron en saco roto** ya que los reyes absolutos se dieron cuenta de la fuerza que podía tener la burguesía. Esto les hizo entender que debía contar más con ella y los llevó a emprender reformas para beneficiar a esta clase social.

LAS REVOLUCIONES DE 1848

La segunda gran ola revolucionaria del S. XIX tuvo lugar en el año 1848. Esta ola revolucionaria también tiene lugar en Francia, y comparte algunas de las causas de las revoluciones de 1830. Las revoluciones de 1848, sin embargo, fueron aún más radicales y su repercusión a lo largo del continente europeo fue más drástica.

Como ocurrió en 1830, una de las principales causas del estallido de la ola revolucionaria de 1848 fue la crisis que sufría gran parte del continente. La debilidad de la economía industrial que dependía de inversiones de capital, sumado a las malas cosechas y al hambre, se transformaron en los principales desencadenantes para que el pueblo se levantara. Sin embargo, esta vez, el pueblo se organizó al margen de la burguesía. De hecho, el enemigo contra el que se luchaba en esta revolución ya no era el Antiguo Régimen, sino la propia burguesía. Esto se explica por el surgimiento del movimiento obrero. A partir de 1830, los obreros habían empezado a organizarse, formar sindicatos y manifestarse para reclamar sus derechos, y protestar contra la burguesía. Para los obreros, esa burguesía era la verdadera responsable de la falta de libertades e igualdad y de la explotación de los trabajadores.

En Francia, la revolución de 1848 se dividió en dos fases. La primera tuvo lugar en febrero, tras la represión de una manifestación pacífica. El gobierno, preocupado porque la manifestación se convirtiera en una revuelta, mando a la Guardia Nacional francesa a poner fin a la concentración. Los soldados comenzaron a disparar a los manifestantes, matando a muchas personas inocentes. Este incidente enfureció al pueblo e hizo que estallara la revolución. Los rebeldes asaltaron el Palacio de las Tullerías y consiguieron deponer al rey Luis Felipe de Orleans. Francia, de nuevo, era una república. Se consiguieron algunos logros importantes, como la abolición definitiva de la esclavitud en las colonias francesas.

Sin embargo, las reformas no fueron suficientes. Tras la proclamación de la república, el nuevo gobierno francés convocó unas elecciones en las que ganó un partido conservador. La falta de reformas hizo que la clase obrera se levantara de nuevo en junio del mismo año. En esta segunda fase, las revueltas fueron mucho más violentas y se dirigieron principalmente contra la burguesía. Muchos de los obreros que participaron en ella fueron anarquistas y socialistas. Sin embargo, la revolución fue duramente reprimida por el gobierno y la burguesía, y fracasó. La burguesía se dio cuenta entonces de que era necesario un gobierno fuerte para evitar futuras revueltas. De esta manera, se dio el ascenso político de Luis Napoleón III, que se convirtió en emperador de Francia.

En Italia, Austria y Alemania, los movimientos revolucionarios también pusieron en jaque a los gobiernos de turno y a la burguesía. Sin embargo, todos ellos fracasaron.

> *¿Sabías que...?*
>
> *Una de las razones principales por las que las revoluciones liberales del S. XIX fracasaron es porque las fuerzas revolucionarias no estaban cohesionadas en sus ideas. Había muchas facciones ideológicas, muchos intereses diferentes y varios bandos dentro del bloque revolucionario. En la revolución de 1830, las diferencias principales dentro del bloque rebelde fueron entre los intereses de la burguesía y los del pueblo llano. En la de 1848, por su parte, convivieron diferentes facciones ideológicas dentro del movimiento social: nacionalistas, demócratas, republicanos, socialistas, comunistas, anarquistas, etc.*

Vocabulary List

no cayeron en saco roto (they) did not brush away

9.3 LA REVOLUCIÓN IRANÍ

- *La Revolución Iraní supuso el fin de la monarquía y la instauración de una República Islámica.*
- *El descontento que llevó a la revolución se explica en buena medida por las interferencias extranjeras que sufría el país desde finales del siglo XIX.*
- *Las reformas del sah Mohammad Reza Pahlevi para modernizar y occidentalizar el país fue uno de los principales detonantes de la revolución.*

La Revolución Iraní fue otra de las grandes revoluciones del siglo XX. Supuso el final del régimen del Sah[21] Mohammad Reza Pahlevi, soberano de Irán. Tras la revolución, se introdujo un nuevo régimen asentado sobre principios islamistas. Se estableció la República Islámica de Irán, y se aprobó una constitución teocrática. El ayatolá[22] Jomeiní, se convirtió en el nuevo líder supremo de la antigua nación persa.

De hecho, esta fue la primera vez en nuestra época en la que el uso político del Islam tuvo un papel tan importante en la transformación del régimen de un país. La influencia de esa religión a la hora de mover las masas de un país fue incluso mayor que la de los nacionalismos que había motivado muchos movimientos de independentismo colonial.

---

[21] El Sah era el soberano de Persia y de Irán hasta la Revolución Iraní.
[22] **Ayatolá:** Alta autoridad religiosa chií.

La Revolución de Irán fue una auténtica revolución precisamente en este sentido: fue una auténtica revolución de masas. Además, cumple con el resto de elementos que definen una revolución: fue un movimiento popular que consiguió derrocar el régimen establecido, y tuvo consecuencias sociales, políticas, económicas e ideológicas muy profundas.

EL TRASFONDO DE LA REVOLUCIÓN

El trasfondo del conflicto en Irán tiene que ver con una **pugna** que lleva existiendo en el islam desde la muerte del profeta Mahoma en 632. Antes de entrar en la Revolución Iraní, vamos a explicar brevemente esta pugna para poder entender mejor el tema.

Después de la muerte de Mahoma se creó una división en el islam entre chiitas y suniitas. Esa división derivó en una pugna por las diferentes interpretaciones de la obra de Mahoma, y sobre el derecho a liderar a los musulmanes. Ambas prácticas han coexistido durante siglos y tienen muchas cosas en común. Sin embargo, también cuentan con diferencias importantes en cuestiones como la doctrina, los rituales, las leyes, la teología o la organización.

Los suniitas son la rama más tradicional y ortodoxa del islam. Esta rama se basa en las prácticas derivadas de las acciones de Mahoma, a quién consideran el profeta definitivo. Para ellos, los líderes musulmanes son solamente figuras temporales de carácter político que actúan como jefes de la comunidad musulmana. Para los sunitas, los "hombres de religión" que surjan de la política deben tener un papel limitado y sometido al orden preestablecido. Casi el 90% de los musulmanes son sunitas.

Para los chiitas, sin embargo, los líderes de los musulmanes deben ser descendientes de Mahoma, y sucederle en su autoridad religiosa (no solo política). Para ellos, es necesaria la presencia de "hombres de religión" en la vida política con la misión de supervisar, controlar e inspirar la vida política. En el chiismo, estas autoridades religiosas tienen una importancia jerárquica importante dentro de la vida política. Y su interpretación constante y abierta de los textos islámicos tiene una influencia importante en las decisiones políticas. Por ello, el chiismo puede llegar a convertirse en un contrapoder frente al poder oficial. En Irán, el chiismo se adoptó como fórmula religiosa en el siglo XVI, y la mayoría de su población es chiita.

LA REVOLUCIÓN DE IRÁN

A lo largo de su historia moderna, Irán ha sufrido las interferencias políticas de potencias extranjeras. Ocurrió con Reino Unido en la década de 1890 a causa de una disputa relacionada con el comercio del tabaco, y durante la Primera Guerra Mundial a causa de la explotación de las reservas petrolíferas. Y ocurrió de nuevo con Gran Bretaña y con la Unión Soviética durante la Segunda Guerra Mundial, donde Irán fue ocupado por las fuerzas aliadas.

Sin embargo, a partir de la década de los 50, la situación fue cambiando. En 1950, el gobierno iraní, liderado por Mohammad Mosaddegh, decidió nacionalizar las reservas petrolíferas del país. Esto generó importantes recelos entre británicos y estadounidenses, que lanzaron una campaña internacional para boicotear el petróleo iraní y criticar a su gobierno. Esto generó una situación delicada que los británicos y los estadounidenses aprovecharon para organizar un golpe de estado. Pusieron en el poder a Mohammad Reza Pahlevi, un político fácilmente manipulable que defendía los intereses extranjeros en el país.

El nuevo líder disolvió el Parlamento e inició una ambiciosa serie de reformas que tenía como objetivo modernizar y occidentalizar la nación. Estas reformas se conocieron como la "Revolución Blanca" y trajeron un importante crecimiento económico, una mejora del analfabetismo y una ampliación de los derechos sociales de las mujeres. Sin embargo, también generaron una enorme inflación y acentuaron las desigualdades sociales en Irán. Además, provocaron una importante oposición entre los sectores más conservadores y entre determinados líderes religiosos. Una de las voces más críticas contra el nuevo sha era la del ayatolá chiita Ruhollah Romeini.

A lo largo de las décadas de los 60 y los 70 el descontento y el resentimiento entre la población iraní aumentó, sobre todo en las ciudades. A principios de los 70, el régimen del sha comenzó a realizar más y más detenciones arbitrarias. Las protestas empezaron a hacerse más comunes y violentas.

En 1977, el ayatolá Jomeiní, que había sido exiliado, llamó a la población iraní a lanzarse a la calle y a realizar protestas, huelgas y boicots contra el régimen del sha y la creciente represión.

A diferencia de otras revoluciones, el movimiento revolucionario iraní estuvo liderado por sectores urbanos y obreros mediante protestas y huelgas masivas, no a través de combates armados o guerrillas.

En 1978, varios trabajadores del gobierno de sectores estratégicos se unieron al movimiento revolucionario. Esto provocó una gran huelga en el sector energético y petrolífero iraní que paralizó la economía del país (a causa de esta huelga el gobierno iraní perdía unos 60 millones de dólares al día).

El aumento de la presión sobre el sha le obligó a huir del país con su familia en enero de 1979. Un mes después, el ayatolá Jomeiní volvió al país y consiguió el poder en medio de un gran apoyo popular y un gran número de promesas políticas para devolver la tradición islámica a la nación iraní. Después de dos años de lucha (1978-1979), la Revolución Iraní había llegado a su fin.

Vocabulary List
(la) pugna rivalry

***

Como hemos visto a lo largo de este libro, las revoluciones son un fenómeno inevitable en la civilización. El fenómeno de las revoluciones trae disrupciones y cambios que rompen las estructuras establecidas y posibilitan el cambio y el avance. Sin embargo, también suelen traer confusión, caos y violencia. En gran parte de los casos, como hemos visto, las revoluciones rompen con las estructuras de poder establecidas, pero introducen en su lugar otras estructuras igualmente rígidas y autoritarias. En otras palabras, los procesos revolucionarios reivindican principios (ej. libertad, igualdad, ampliación de derechos, etc.), pero con el objetivo de defender esas revoluciones, muchos terminaron por favorecer a gobiernos que fueron en contra de los principios revolucionarios que las inspiraron en el comienzo. En la mayoría de estos casos hace falta un periodo más o menos largo de transición entre la revolución y los regímenes posteriores para que los ideales de la revolución terminen de asentarse. En algunos casos, esos periodos pueden demorar décadas, o incluso siglos. En cualquier caso, las revoluciones son un fenómeno necesario para la evolución de la sociedad y del hombre. Sin ellas, el ser humano se estancaría, y la sociedad no continuaría evolucionando.

REFERENCIAS

Adams, S. (2022, June 7). Battle of Naseby. Encyclopedia Britannica. https://www.britannica.com/event/Battle-of-Naseby

Adams, S. (2022, June 25). Battle of Marston Moor. *Encyclopedia Britannica*. https://www.britannica.com/event/Battle-of-Marston-Moor

Álvarez, R. (2019, 6 de diciembre). Cómo Gandhi encontró en la no violencia la mejor estrategia contra el Imperio Británico. La Vanguardia. https://www.lavanguardia.com/historiayvida/20191206/472018308412/gandhi-india-independencia-discurso-no-violencia-desobediencia-civil.html

Armada J. (2017, 27 de octubre). 10 momentos clave para la Revolución Rusa. *La Vanguardia*. https://www.lavanguardia.com/historiayvida/historia-contemporanea/20171027/47314401941/10-momentos-clave-revolucion-rusa.html

Bachu, S. (2019, 29 de julio). 10 Revolutionary War Facts Even American History Buffs Don't Know. *The Archive*. https://explorethearchive.com/revolutionary-war-facts

Benéitez Burgada, B. (2022, 10 de marzo). Las 20 mejores frases revolucionarias que han inspirado cambios sociales en la historia. *La Vanguardia*. https://www.lavanguardia.com/vivo/psicologia/20220310/8110421/20-frases-revolucionarias-inspiraron-cambios-sociales-historia-nbs.html

Blakemore, E. (2019, 1 de octubre). Así cambió Mahatma Gandhi las protestas políticas. National Geographic Historia. https://www.nationalgeographic.es/historia/2019/10/asi-cambio-mahatma-gandhi-las-protestas-politicas

Bostanci, A. (2014, 30 de octubre). How was India involved in the First World War?. *British Council*. https://www.britishcouncil.org/voices-magazine/how-was-india-involved-first-world-war

Britannica, T. Editors of Encyclopaedia (2003, May 14). Russian Revolution of 1917 summary. Encyclopedia Britannica. https://www.britannica.com/summary/Russian-Revolution

Britannica, T. Editors of Encyclopaedia (2014, July 15). French republican calendar. Encyclopedia Britannica. https://www.britannica.com/science/French-republican-calendar

Britannica, T. Editors of Encyclopaedia (2019, June 23). Bishops' Wars. *Encyclopedia Britannica*. https://www.britannica.com/event/Bishops-Wars

Britannica, T. Editors of Encyclopaedia (2020, September 10). French Revolution. *Encyclopedia Britannica*. https://www.britannica.com/event/French-Revolution

Britannica, T. Editors of Encyclopaedia (2021, October 22). American Revolution Timeline. *Encyclopedia Britannica*. https://www.britannica.com/summary/American-Revolution-Timeline

Britannica, T. Editors of Encyclopaedia (2022, July 19). Cuban Revolution. *Encyclopedia Britannica*. https://www.britannica.com/event/Cuban-Revolution

Britannica, T. Editors of Encyclopaedia (2021, October 22). Causes and Effects of the American Revolution. *Encyclopedia Britannica*. https://www.britannica.com/summary/Causes-and-Effects-of-the-American-Revolution

Britannica, T. Editors of Encyclopaedia (2021, October 22). *Key Facts of the American Revolution. Encyclopedia Britannica*. https://www.britannica.com/summary/Key-Facts-of-the-American-Revolution

Britannica, T. Editors of Encyclopaedia (2022, March 7). Seven Years' War. *Encyclopedia Britannica*. https://www.britannica.com/event/Seven-Years-War

Britannica, T. Editors of Encyclopaedia (2022, May 6). Paul Revere. *Encyclopedia Britannica*. https://www.britannica.com/biography/Paul-Revere

Cardelús, B. (sin fecha). La ayuda de España a la independencia de Estados Unidos. *Google Arts and Culture*. https://artsandculture.google.com/story/IQUxRhQq4hAA8A?hl=es

Coll Morales, F. (2020,17 de junio). Liberalismo. *Economipedia.com*. https://economipedia.com/definiciones/liberalismo.html

Editorial Grudemi (2018). Revolución rusa. *Enciclopedia de Historia*. https://enciclopediadehistoria.com/revolucion-rusa/

Editorial Grudemi (2019). Revolución inglesa. *Enciclopedia de Historia*. https://enciclopediadehistoria.com/revolucion-inglesa/

Elliot, J. (2019, 8 de agosto). ¿Qué consecuencias tuvo la Revolución Francesa? La Vanguardia. https://www.lavanguardia.com/historiayvida/historia-contemporanea/20190806/47312217159/que-consecuencias-tuvo-la-revolucion-francesa.html

Equipo editorial de American Battlefield Trust (sin fecha). Overview of the American Revolutionary War. *Battlefields.org*. https://www.battlefields.org/learn/articles/overview-american-revolutionary-war

Equipo editorial de Concepto Definición (2021, 5 de febrero). Definición de revolución. *Concepto Definición*. https://conceptodefinicion.de/revolucion/

Equipo editorial de Definición (sin fecha). Definición de Absolutismo. *Definición.de*. https://definicion.de/absolutismo/

Equipo editorial de History (2009, 29 de octubre). Revolutionary War. https://www.history.com/topics/american-revolution/american-revolution-history

Equipo editorial de iesdrfdezsantana (sin fecha). Las revoluciones liberales de 1830 y 1848. Iesdrfdezsantana. https://iesdrfdezsantana.educarex.es/web/departamentos/ccss/1Bachill/liberal_nacionalismo.pdf

Equipo editorial de National Park Service (2018, 1 de septiembre). *The Second Continental Congress and the Declaration of Independence*. NPS. https://www.nps.gov/inde/learn/historyculture/resources-declaration-secondcontinentalcongress.htm

Equipo editorial de NPS (2021, 4 de enero). Timeline of the Revolution. National Park Service. https://www.nps.gov/subjects/americanrevolution/timeline.htm

Equipo editorial del Ministerio Europeo y de Asuntos Exteriores de Francia. (Sin fecha). The French flag. France Diplomacy. https://www.diplomatie.gouv.fr/en/coming-to-france/france-facts/symbols-of-the-republic/article/the-french-flag

Equipo editorial de Significados (sin fecha). Revolución. *Significados.* https://www.significados.com/revolucion/

Equipo editorial de The Ministry of History (2020, 16 de junio). The Daring Escape Of Charles II. *The Ministry of History.* https://www.theministryofhistory.co.uk/short-histories-blog/charlesii-escape

Equipo editorial de la Newcastle University (sin fecha). Key Events. *University of NewCastle.* https://britishcivilwars.ncl.ac.uk/key-events/

Fernández, T. y Tamaro, E. (2004). Biografía de Stalin. En *Biografías y Vidas. La enciclopedia biográfica en línea.* https://www.biografiasyvidas.com/biografia/s/stalin.htm

Figues, O. (2022, 23 de febrero). La Revolución Rusa de 1917. *National Geographic Historia.* https://historia.nationalgeographic.com.es/a/revolucion-rusa-1917_16494

Gago, E. (2017, 23 de octubre). La Revolución que cambio el siglo XX. *La Vanguardia.* https://www.lavanguardia.com/vida/junior-report/20171021/432213978668/revolucion-rusa.html

Lamrani, S. (2013, 16 de septiembre). 50 verdades sobre la Revolución Cubana. *Opera Mundi.* https://operamundi.uol.com.br/politica-e-economia/31245/50-verdades-sobre-la-revolucion-cubana

Lima, L. (2018, 30 de diciembre). Revolución Cubana: cuáles fueron las causas del levantamiento con el que Fidel Castro cambió Cuba en 1959. *BBC News. https://www.bbc.com/mundo/noticias-america-latina-46532629*

López Cabia, D. (2020, 17 de abril). Revolución Rusa. *Economipedia.* https://economipedia.com/historia/revolucion-rusa.html

Lozano Cámara, J. J. Un país atrasado. (sin fecha). *Clases historia.* http://www.claseshistoria.com/c-maps/mapa-revolucionrusa.html

Marín García, A. (2021, 6 de julio). Monarquía parlamentaria. *Economipedia.com.* https://economipedia.com/definiciones/monarquia-parlamentaria.html

Marín García, A. (2020, 26 de mayo). Revolución. *Economipedia.* https://economipedia.com/definiciones/revolucion.html

Paredes, N. (2021, 11 de julio). 5 cosas que quizás no sabes sobre la historia de la Bastilla y su toma, el evento que cambió a Europa para siempre. BBC News Mundo. https://www.bbc.com/mundo/noticias-57749185

Parker, N. Geoffrey (2021, August 27). Battle of Dunbar. *Encyclopedia Britannica.* https://www.britannica.com/event/Battle-of-Dunbar

Parker, N. Geoffrey (2021, October 16). Battle of Edgehill. *Encyclopedia Britannica.* https://www.britannica.com/event/Battle-of-Edgehill

Pigna, F. (sin fecha). La Revolución Americana. *El Historiador.* https://www.elhistoriador.com.ar/la-revolucion-norteamericana/

Rabon, J. (2015, 29 de julio). 10 interesting facts and figures about the English Civil War. *Anglotopia for anglophiles. https://anglotopia.net/british-history/ten-interesting-facts-figures-english-civil-war/*

Rees, J. (2008, 21 de diciembre). Para conmemorar el 400 aniversario de John Milton, emblema del republicanismo revolucionario moderno. *Sin permiso.* https://www.sinpermiso.info/textos/para-conmemorar-el-400-aniversario-del-nacimiento-de-john-milton-emblema-del-republicanismo

Redacción BBC (sin fecha). Civil war and revolution. *BBC.* https://www.bbc.co.uk/history/british/timeline/civilwars_timeline_noflash.shtml

Redacción BBC Mundo (2016, 4 de enero). ¿Cuáles son las diferencias entre sunitas y chiitas, el trasfondo del conflicto entre Arabia Saudita e Irán? BBC. https://www.bbc.com/mundo/noticias/2016/01/160104_sunitas_chiitas_diferencias_iran_arabia_saudita_aw

Redacción Cemeri (2022, 3 de mayo). ¿Qué fue la revolución islámica en Irán? Cemeri. https://cemeri.org/enciclopedia/revolucion-islamica-en-iran/

Redacción Cultural India (sin fecha). History of India´s independence. Cultural India. https://www.culturalindia.net/indian-history/modern-history/indian-independence.html

Redacción de La Vanguardia —Junior Report—. (2017, 26 de octubre). Revoluciones en el mundo. *La Vanguardia.* https://www.lavanguardia.com/vida/junior-report/20171026/432363781116/revoluciones-mundo.html

Redacción XL Semanal. (Sin fecha). Independencia de la India… Y el imperio perdió su joya. XL Semanal. https://www.xlsemanal.com/conocer/historia/20170815/independencia-la-india-imperio-perdio-joya.html

Rodriguez, G. (Anfitrión). (2015). La Revolución China I, II y III (Podcast). *Spotify.* https://open.spotify.com/show/4tiEJx60ATvSzIKOwoYWDM?si=ad2ae0fcb2984f6f

Sadurní, J.M. (2021, 13 de abril). Gandhi, la "Gran Alma" de la independencia de la India. National Geographic Historia. https://historia.nationalgeographic.com.es/a/ghandi-gran-alma-independencia-india_14756

Saldaña Diaz, N. (2001). El poeta de la Revolución Puritana: Teoría Política de John Milton. Historia constitucional: Revista Electrónica de Historia Constitucional, ISSN-e 1576-4729, Nº. 2, 2001.

Sarmiento, I. (2018, 13 de julio). Las 91 mejores frases de revolución y cambio. *Psicología y mente.* https://psicologiaymente.com/reflexiones/frases-de-revolucion

Tafalla, J. (2021, 14 de septiembre). La rebelión de los esclavos de Haití. *National Geographic Historia.* https://historia.nationalgeographic.com.es/a/rebelion-esclavos-haiti_15454

Torroella Prats, J. (2020, 4 de marzo). La revolución de los negros de Haití. *Descubrir la Historia.* https://descubrirlahistoria.es/2020/03/la-revolucion-de-los-negros-de-haiti/

FIN

THANKS FOR READING!

I hope you have enjoyed this book and that your language skills have improved as a result!

A lot of hard work went into creating this book, and if you would like to support me, the best way to do so would be to leave an honest review of the book on the store where you made your purchase.

Want to get in touch? I love hearing from readers. Reach out to me any time at *olly@storylearning.com*

To your success,

Olly Richards

MORE FROM OLLY

If you have enjoyed this book, you will love all the other free language learning content I publish each week on my blog and podcast: *StoryLearning*.

Blog: Study hacks and mind tools for independent language learners.

www.storylearning.com

Podcast: I answer your language learning questions twice a week on the podcast.

www.storylearning.com/itunes

YouTube: Videos, case studies, and language learning experiments.

www.youtube.com/ollyrichards

COURSES FROM OLLY RICHARDS

If you've enjoyed this book, you may be interested in Olly Richards' complete range of language courses, which employ his StoryLearning® method to help you reach fluency in your target language.

Critically acclaimed and popular among students, Olly's courses are available in multiple languages and for learners at different levels, from complete beginner to intermediate and advanced.

To find out more about these courses, follow the link below and select "Courses" from the menu bar:

www.storylearning.com/courses

"Olly's language-learning insights are right in line with the best of what we know from neuroscience and cognitive psychology about how to learn effectively. I love his work!"

Dr. Barbara Oakley,
Bestselling Author of "A Mind for Numbers"

www.ingramcontent.com/pod-product-compliance
Lightning Source LLC
Chambersburg PA
CBHW030034100526
44590CB00011B/197